CLIMAT

ET

EAUX MINÉRALES

D'ALLEMAGNE

PAR

Le Dr A. LABAT

Ex-Président de la Société d'hydrologie de Paris
et membre de la Société d'hydrologie de Madrid, Turin
de la Société géologique de France, etc.
Vice-Président de la Société météorologique
Membre de la Société de médecine de Belgique
Médaille d'Or de l'Académie de Médecine.

PARIS
LIBRAIRIE J.-B. BAILLIÈRE ET FILS
19, RUE HAUTEFEUILLE
—
1902

CLIMAT
ET
EAUX MINÉRALES
D'ALLEMAGNE

CLIMAT

ET

EAUX MINÉRALES

D'ALLEMAGNE

PAR

Le Dr A. LABAT

Ex-Président de la Société d'hydrologie de Paris
et membre de la Société d'hydrologie de Madrid, Turin
de la Société géologique de France, etc.
Vice-Président de la Société météorologique
Membre de la Société de médecine de Belgique
Médaille d'Or de l'Académie de Médecine.

PARIS

LIBRAIRIE J.-B. BAILLIÈRE ET FILS

19, RUE HAUTEFEUILLE

1902

VORWORT

GEEHRTESTE HERREN COLLEGEN

Wenn ich das vorliegende werk der öffenlichkeit ubergehen darf, das ist mit demwunsche ihre mineral quellen in Frankreich kennen zu lassen.

Nach diesem ziele, habe ich zehr viel gereist seit 4o yahre und fast alle curorten wieder und wieder, während der saison, besucht.

Vorzugweise konnte ich mich stützen auf die bekannten lehrbücher von Seegen, J. Braun, Valentiner, Lersch, Lehmann, Reumont, Renz, Kisch, Grube, etc.; auf notizen und einzelne arbeiten; beobachtung material zu sammeln und die sätze aus den thatsachen aufzustellen.

— Für die erfolgreiche ausführung des buches.

Es ist unglaublich wie die kurstädte emporgeblüth sind; so das mann neben dem luxus und comfort alle vortheile des landaufenthaltes geniesst.

Die gastöfe, die private wohnungen, die badhaüser, die anlagen, in venig worten alles ist für fremdenbequemlichkeit eingerichtet.

Die aufhebung der spielbank hat günstig im allgemeinen gewirkt; die frequenz ist vergrössert und die qualität des publicums bessere.

Bei der wahl eines badeortes die verhältnisse des climas, die höhe, die dichtigkeit und feuchtigkeit der luft sind von hoher bedeutung.

Auch die geologie eine grosse rolle spielt für die erklärung der quellenbildung.

a

Die wichtigkeit der temperatur und der ergiebigkeit des mineralwassers unstreitig wird.

Im allgemeinen, die fixe und gasförmige bestandtheile sind die hauptsache für die anordnung der mineral-qu. nach classen. Aber manche nach zwei gruppen oder mehr hinneigen. Demnach meine vertheilung nach provinzen und regionen untersheidet sich von denen meiner vorgänger.

Die Kur.— Die mineralwässer sind als getränk und bäder gebraucht : in der regel wird das wasser nüchtern, von 6-8 urh, getrunken; zuweilen mit zusatz von milch oder molken; weil der organismus am besten zur assimilation geeignet ist; dann eine mässige leibes bewegung. Auch das bad soll morgens angenommen werden.

Zu erwähnen : sprudelbäder wo das wasser aus dem steigrohr direct in wannen geht, ohne mit der luft in berührung zu sein. Strom und wellenbäder mit see bäder ähnlich.

Alle arten von bäder sind vorhanden : sool, moor, schlamm, fichtennadeln, dunst, gasbäder; douchen, massage. Kaltwasser anstalten.

Die combinirte behandlung ist von einer grösseren wichtigkeit als anderswo geworden : molken und traubenkuren; künstlichen mineralwässer; die gradirluft; der luft-compression apparat; die electricität.

Ich muss zu dem ersten range die behandlung der syphilis mit dem gleichzeitig angewendeten quecksilber setzen.

Das diätetische Regimen wird mit strenge, während der kur, beobachtet; so die patienten unter der wirkung des wassers stehen. Das souper bestehe auf einer leichten kost; so möglich nicht spät zu bette gehen. — In dieser hinsicht, die lebensweise in Deutschland ist eine ausnahme.

Die heutige kur daüert das ganze yarh in Baden, Aachen, Wiesbaden.; so dass die wintersaison fast ebenso frequentirt ist als diejenige des sommers. Die erfahrung hat, ausser zweifel, gestelt wie die patienten eine wintercur mit gutem erfolg unternehmen können.

Ich habe mich bemuth alle die wirkungen der einzelnen agentien auszustellen : der luft, des climas, des wassers in seiner innerlichen und äussern anwendung; der physicalischen und chemischen eigenschaften der wässer.

Z. B : die gleichmässigkeit des climas, die mässige feuchtigkeit der atmosphere, die reine luft, die, uppige vegetation bilden faktoren von wirkung für die hals und lungen leidende. — Die starke bäder für tabetikern shädlich.

Wenn ich nicht irre, aus diesen faktoren es ist möglich bestimte indicationen und contraindicationen zu stellen. — Aber der arzt wird die klinische beobachtung und erfahrung vorziehen. Viele der theoretischen ansichten haben sich als falsch erwiesen.

Einen schluss zu machen: die balneotherapie von heute hat, in Deutschland, grosse entwitckelung genommen, durch reichtum, luxus und reisegelegenheiten; mit den neuesten einrichtungen, haben die kurstädte einen enormen ausschung erzielt... Starke fortschritte welche zu den glucklichsten resultaten führen!

Herren collegen, ich nicht besser sagen weiss als sie es gethan haben. Entschuldigen sie wegen der mangelhaftigkeit der arbeit.

Meine führerin war..... die Warheit.

DER VERFASSER.

INTRODUCTION

Écrire sur les Eaux minérales étrangères est, pour un hydrologue, une tâche difficile et délicate.

Nous n'allons pas à la légère : depuis quarante années, nous avons fait, en Allemagne, une douzaine de voyages de deux à trois mois chacun, la plupart en pleine saison thermale. Nous avons recueilli, sur place, toutes les données scientifiques, topographiques et cliniques ; les contrôlant par une lecture assidue des traités classiques et des monographies allemandes ; faisant peu usage des traductions, souvent infidèles. Nos meilleurs renseignements nous ont été fournis, de vive voix, par les auteurs : quels bons souvenirs de Lersch, de Seegen, de J. Braun, de Valentiner, de Lehmann, de Kish, de Thilenius, de Renz, de Reumont, etc., sans oublier les grands chimistes Liebig, Mohr, Bunsen, Frésénius, et les ingénieurs et les géologues !

Histoire. — L'ancienne Germania (*whermann* homme de guerre), dont Wagner a poétisé les légendes, s'étendait entre la Gaule et la Sarmatie ; limites probables, la Vistule et les Carpathes. Il y avait aussi la Germanie Cisrhénane. Au Sud, le Danube la séparait des provinces Rhétie, Vindélicie et Norique où se parle encore le Roman.

Les anciennes villes romaines ne se rencontrent qu'aux bords du Rhin : *Colonia Agrippina*, *Augusta Trevirorum*, *Moguntiacum*, *Aug. Nemetum*, *Aug. Vangiorum*, *Aug. Vindelicorum* (Augsbourg), etc.

Toute la région du Rhin et du Danube était bordée de camps romains. Les légions ne s'aventuraient pas beaucoup au delà et la *Porta westphalica* débouchait dans la grande plaine du Nord, où prenait ses ébats la cavalerie germaine si redoutée des cohortes romaines.

Ceci nous explique l'existence d'anciens thermes dans les régions occupées et leur absence au cœur du pays.

Charlemagne avait réuni à la Gaule une portion de la Germanie ; Napoléon en fit autant, dix siècles plus tard. Ces grandes annexions n'ont pas de lendemain. L'Empire, si longtemps divisé en plusieurs États sous des empereurs de plusieurs grandes maisons princières, a passé de l'Autriche à la Prusse, c'est toujours l'Empire.

L'Allemagne forme un grand carré d'environ 1200 kilomètres dans les deux sens : d'une part entre les mers du Nord et les Alpes ; d'autre part, des Vosges et du Jura jusqu'à la Vistule et la Bohême. Cela ne correspond pas tout à fait à l'ancienne Germanie dont une partie reste à l'Autriche.

La population, singulièrement accrue, dépasse 50 millions (1). Le commerce, l'industrie, la navigation marchande sont en progrès étonnants.

Le voyage est aujourd'hui très facile avec la simplicité du système monétaire, les grands hôtels cosmopolites et les prévenances des employés des chemins de fer.

J'ai connu un temps où la langue française était moins courante, où les monnaies (thalers, grosshen, florins du Rhin, de Bavière), où le change variable faisaient le désespoir du voyageur étranger. Les

---

(1) Berlin compte plus d'un million et demi ; Leipzig, Dresde, Breslau, plus de 400.000 ; Hambourg, plus de 600.000.

wagons de 1ʳᵉ classs sont, depuis longtemps, luxueux et peu occupés.

Climat. — Pour comprendre la variété du climat, disons mieux, des climats de cette vaste contrée, il est bon de rappeler que les plaines du Nord et du Sud sont séparées par des chaînes de montagnes centrales dont les parties les plus hautes ne dépassent pas 1.000 à 1.500 mètres ; altitude suffisante pour modifier les conditions météorologiques ; que les forêts y sont de belle venue ; que de grands fleuves sillonnent les vallées : Vistule, Oder, Elbe, Weser, Rhin, Moselle, Danube ; peu de lacs.

La latitude 55ᵉ au 47ᵉ est, par elle seule, une condition de diversité ; en sorte que les données climatiques générales manquent de précision.

Toutefois, disons que le climat est tempéré relativement à la position géographique : moyenne annuelle générale 10°, et 6 à 7 au N.-E. ; étés chauds dont la moyenne dépasse 18. Les vents S.-O., dominants et libres dans la vaste plaine du Nord, adoucissent l'hiver. J'ai le souvenir de fortes chaleurs, même à la fin de septembre ; par exemple à Cologne en 1865, à Munich en 1869 ; de même à Salzbourg. La quantité de pluie, souvent peu au-dessus de 50 centimètres, ne dépasse un mètre qu'en pleine montagne.

Les bords du Rhin sont assez ensoleillés pour que la vigne s'y développe dans toute sa vigueur ; vers le Sud, le maïs, le châtaignier et les fruits sucrés.

De là plusieurs conséquences pour le traitement : cures d'hiver dans plusieurs stations de plaine, cures d'été dans la montage où le climat devient le principal modificateur.

Sol. — Bien étudié par les géologues allemands : Bishoff, Bunsen, Dechen, Credner, etc. Presque tous les terrains s'y rencontrent : le Granite dans les Vosges et la Forêt-Noire, en Saxe, aux confins de la Bohême, — Silurien dans le Harz, la Thuringe, la Saxe, — Dévonien en masse sur les deux rives du Rhin, de Mayence à Cologne, avec schistes et quartzites porphyroïdes, — Carbonifère dans la contrée rhénane, la Saxe, la Silésie, — Dyas dans le Harz, Thuringe, Saxe. Dans ce terrain est le fameux gîte de Stassfurth où sont rangés en couches : la Carnalite Cl.K, le Steinsalz Cl.Na, le Bittersalz $SO^3Mg.O$; le Gypse, et Cargneule, etc. — Trias en masses centrales, dans le Wurtemberg, le nord de la Bavière et jusqu'à Osnabruck, — Jurassique : bande partant du Jura jusqu'à Coburg en s'infléchissant à Ratisbonne ; au N. rebord divisé par la Porte Wesphalique. — Crétacé à Aachen, environs de Hanôvre, Saxe, etc., — Tertiaire, le long des Alpes et lambeaux divers.

Le terrain moderne de la plaine du Nord consiste en argiles et sables diluviens, cailloux, blocs erratiques (1).

Les roches éruptives s'alignent au Centre entre le 50° et le 51°, depuis l'Eifel jusqu'à la Bohême, par la Thuringe, la Saxe, le Rhin. Le Vogelsberg est une des grosses masses basaltiques du centre de l'Europe. Nous verrons, plus loin, que les volcans modernes de l'Eifel, les trachytes, les ba-

---

(1) Dans mes excursions en voiture, de Hambourg à Lubeck et au delà, de Hambourg à Brême, à Dangast, à Osnabruck, j'ai trouvé nombre de cailloux striés et de gros blocs erratiques; cette contrée est sablonneuse, couverte de vastes prairies maigres où paissent des troupes de bestiaux. Le Slesswig est plein de landes de bruyères, de marécages. Dans une autre publication j'ai signalé le contraste avec les bords de la Baltique, les beaux arbres de Kiel.

saltes de la Lahn et des Sept montagnes rappellent la physionomie de l'Auvergne et du Cantal.

Les gîtes métallifères se rencontrent partout dans le Nassau, le Harz, la Wesphalie, la Thuringe, la Saxe. On y trouve le fer, la manganèse, le cobalt, le nickel, la blende, la galène argentifère. Nous devons une mention spéciale aux schistes cuivreux du Mansfeld et aux mines célèbres de Freyberg dans l'Erzgebirge. Tous ces filons ont été bien étudiés même par nos géologues.

De ce coup d'œil rapide sur les terrains d'Allemagne découlent certaines conséquences relatives aux Eaux.

Les plus chaudes (Wiesbaden et Boreette, 69° et 75°); les plus gazeuses (celles du Taunus qui dépassent souvent un volume), appartiennent à la région éruptive du Rhin. — Les eaux alcalines sont presque limitées aux vallées de l'Arh et de Lahn, à proximité des volcans de l'Eifel, des trachytes et des basaltes du Westerwald et du Siebengebirge. — Les eaux salées sortent du dévonien et du permocarbonifère; plus souvent du triasique. — Les eaux ferrées, répandues dans le Nord, sont souvent en relation avec les minerais de fer et les pyrites. — Les thermales simples émergent, en général, des roches granitiques ou cristallines.

EAUX MINÉRALES

Au commencement du siècle passé, elles étaient à peu près ignorées des médecins anglais et français. Au xviii° siècle, il y avait bien quelques familles aristocratiques qui passaient le Rhin ou traversaient la Manche pour aller à Schwalbach, à Pyrmont, à Wiesbade, à Ems; puis elles oublièrent le chemin.

Granville publia son livre *Spas of Germany* en 1837 ; cette œuvre, plus humoristique que scientifique, fit un certain bruit en Angleterre. Plus tard, 1858, paraissait le livre de Rotureau, remarquable surtout par l'exactitude des détails ; le grand dictionnaire des eaux minérales lui fit de nombreux emprunts.

Quand Trousseau et son élève Lasègue firent paraître le récit de leur odyssée aux bords du Rhin (*Gazette des hôpitaux*, 1846), il semblait qu'ils eussent découvert des terres nouvelles. Ils raillent doucement les médecins ignorants des Eaux et qui croient leur ignorance de bon ton. La critique s'appliquerait de nos jours. Toutefois, comme l'esprit primesautier ne suffit pas pour bien juger, il y a dans cette publication des idées assez aventurées sur la cure sèche et la cure purgative, sur le peu de valeur du gaz et des inhalations salines ; sur les purgatifs chauds salés et les purgatifs froids sulfatés.

Ne pas oublier les bonnes publications de la *Revue hydrologique de Strasbourg*, plus tard de Nancy. Déjà, avant 1870, les médecins de Strasbourg étaient au courant de la balnéation allemande.

A cette époque quelques médecins français pratiquaient dans ces stations : j'ai vu Gardey à Homburg, Danjoy à Ems, etc. La guerre chassa médecins et malades français ; un petit nombre retournait par habitude ou par facilité du voisinage. Aujourd'hui le courant reprend un peu.

Même avant la guerre, il n'y eût jamais beaucoup de clients français ; j'en puis témoigner *de visu* et, au besoin citer les chiffres des Curlistes. L'erreur provient d'affirmations jetées au vent par des auteurs qui n'avaient ni vu, ni même lu. L'erreur venait surtout de la grande affluence de nos compatriotes à Bade, Homburg, Wiesbade où ils allaient boire non les Eaux, mais les bouillons de la roulette. Depuis l'abolition des jeux les malades étrangers ont augmenté de nombre.

Le grand nombre, toujours croissant, des baigneurs en Allemagne nous étonne et nous préoccupe ; Caulet et d'autres avec lui ont jeté le cri d'alarme, s'appuyant sur des chiffres que la comparaison rend pour nous écrasants. Avant tout, il importe d'en rechercher les causes :

1° L'Allemagne s'est accrue en population, nous laissant bien en arrière. De plus, elle s'est enrichie des bains d'Alsace.

2° La prospérité matérielle permet à un plus grand nombre de familles le luxe d'une saison thermale ;

3° La bourgeoisie allemande a peu de maisons de campagne et trouve aux Eaux sa villégiature ;

4° Il résulte de cette tendance que la progression du mouvement thermal est partie de chiffres primitifs plus élevés ;

5° Il est une condition géographique qui prime tout, c'est la situation centrale de ce pays, à portée de tous les étrangers, surtout des gens du Nord qui n'ont que peu ou point de bains ;

6° Ajoutez à cela une installation soignée, d'habiles dispositions pour l'agrément et le bien-être du visiteur ; une réclame soutenue et de nombreuses tournées médicales ; en un mot une industrie thermale des plus complètes.

La curtaxe est une grande ressource pour l'entretien des stations ; elle s'est élevée jusqu'à 20 et 30 marks pour les plus importantes avec réduction pour les familles; elle est payable au bout d'une semaine, parfois au bout de cinq ou six jours. C'est un moyen de contrôle pour fixer le chiffre des baigneurs, *Kurgäste*, et les séparer des voyageurs de passage, *passanten*. Les personnes accompagnant, *bekleitung*, figurent dans une colonne à part. Il s'ensuit que le nombre des malades est fixé assez rigoureusement. Les médecins ne paient point cette taxe; ils n'ont que celle de la musique. Il nous sera difficile d'établir en France toutes ces règles.

La Cure. — Se lever matin, se coucher tôt, c'est la règle bien observée. Les réunions du soir, concerts, bals, théâtres, finissent à 10 heures ou 10 h. 1/2, je n'ai vu que rarement les danses se poursuivre jusqu'à 11 heures ou 12 heures.

Dès 6 heures du matin s'accentue le mouvement des buveurs, et il faut y avoir participé pour se faire une idée de l'affluence en pleine saison, véritable cacophonie par la confusion des langues. — Promenades et causeries entre les verres. — A 8 heures le café au lait avec petits pains viennois. — Le bain ou pratiques balnéaires après 10 heures. Vers 1 heure le repas principal. — Dans la journée, promenades et excursions, visites aux petits cafés des environs, très suivis. — La meilleure musique se fait entendre aux concerts du soir avant dîner. — Le repas de 8 heures est un souper léger. Je dois dire qu'il m'est souvent arrivé de déjeuner ou de dîner à nos heures dans les grands hôtels; un certain nombre d'étrangers ne veulent pas des habitudes allemandes. Toujours est-il que j'ai observé, sur moi-même et beaucoup d'autres, que le petit souper mettait l'estomac dans des conditions de vacuité favorables à la boisson du matin.

Ici vient la question du régime et des tables de régime. Cette discipline dans la diète est suivie en Allemagne depuis de longues années et forme un trait spécial de la cure. Les essais d'imitation en France, en Espagne et ailleurs n'ont pas eu grands succès. Dans les villes de jeux des bords du Rhin les prescriptions de ce genre étaient lettre morte ; aujourd'hui encore d'anciennes habitudes en ont modéré la rigueur (1).

Certains médecins sont très rigoureux, d'autres accommodants ; mais ils exercent sur les hôteliers une surveillance impossible sur des esprits récalcitrants comme les nôtres.

Le régime doit continuer quelques semaines après la cure.

La cure qui nous occupe se caractérise par la multiplicité des agents employés : à l'eau naturelle s'ajoutent des boissons diverses constituées artificiellement par l'addition de gaz et de sels divers, sous le prétexte d'imiter les eaux en renom ; pratique usitée en Angleterre et que je ne saurais approuver, vu qu'elle tend à discréditer le traitement thermal naturel. Les eaux minérales étrangères ont presque toujours leur place dans la Trinkhalle. Viennent ensuite le lait, le petit-lait (*molken*) le jus d'herbes (*krautersaft*).

(1) J'ai extrait de plusieurs listes affichées dans la *Speisesaal* les données suivantes :

Aliments permis : viandes rôties ou bouillies en général ; poissons frais blancs, à chair légère ; légumes frais, fruits cuits. Vins de Bordeaux, bière de table, café sans crème, thé pour les habitués.

Aliments prohibés : porc, oie, canard, viandes grasses ; poissons à chair ferme ou grasse, tels que saumon, maquereau, anguille ; charcuterie, fromage, beurre, légumes trop farineux, choux et choux-fleurs ; salades, fruits crus ; alcooliques, vins mousseux du Rhin, de Champagne ; bières fortes. Thé, chocolat.

Bains très variés : *sool, strom, wellenbæder;* avec eaux mères (*mutterläuge*); bains de vapeur, turcs, de pointes de pins (*fichten nadeln*); d'air aromatisé, d'air comprimé. Inhalations d'eau pulvérisée, de l'appareil Wasmuth que j'ai décrit pour Plombières; inhalations le long des fascines (*gradirt werke*). Hydrothérapie chaude et froide; massages, méthode d'Aix en Savoie. Gymnastique de Ling et Sanders dont les appareils occupent de vastes salles.

A signaler principalement le traitement dit combiné que j'ai vu pratiquer il y a plus de vingt ans, mais qui, aujourd'hui, bat son plein dans les grandes stations : syphilis à Aachen, Wiesbaden, Kreuznach, Baden, etc.; maladies du cœur à Nauheim, Homburg; massage, exercices méthodiques sur le *terraincur;* nous y reviendrons à l'article Nauheim (1).

Nous voici loin du temps où la balnéation minérale était si redoutée chez les cardiaques. Les idées ont marché avec le temps, peut-être un peu vite, car, avant d'attaquer les lésions valvulaires par une médication perturbatrice de sa nature, il faut un diagnostic précis et une surveillance prudente.

Il est peu d'endroits où le traitement combiné soit plus complet qu'à Wildungen pour les voies urinaires.

Avec tous ces moyens si l'on ne guérit pas, la faute en est assurément aux malades.

La cure d'hiver a pris des proportions étonnantes sous un climat qui n'y paraît pas adapté. J'avoue que l'aménagement des hôtels et logements à Wiesbaden, à Aachen, à Bade, à Kreuznach laisse peu à désirer. D'autre part les tentatives d'hivernage dans certains bains de montagne me paraissent téméraires. Si l'art supplée parfois à la nature, il ne doit

(1) Déjà Stokes, de Dublin, avait prôné l'exercice gradué.

pas la violenter. Arrivera-t-on à créer un soleil artificiel pour remplacer celui de Nice?

La cure consécutive (*nachcur*) est d'un grand usage aux eaux ferrugineuses, à la montagne, à la mer.

Classement. — Ici les mêmes difficultés qu'ailleurs. La donnée chimique est toujours séduisante, mais aussi sujette à critique que les autres. La complexité de la constitution est là qui nous arrête comme en Italie, en Espagne, en Suisse, etc. Nous avons déjà signalé, à plusieurs reprises, l'inconvénient de faire figurer la même ville d'eaux dans plusieurs classes. Quelques exemples à l'appui :

Selters, eau de table par excellence, est aussi alcaline et salée. — Baden avec 2 grammes de sel agissant à la manière des eaux de montagne, a parfois pris place parmi les Wildbäder. — Parmi les eaux alcalines voici Neuenahr qui a autant de sels terreux que d'alcalins; de même pour Geilnau, Fachingen; Salzbrun a bien 2,5 de bicarb.-sodique, mais 1 gramme de sels terreux et des sulfates; Ems alcaline mixte, comme Royat. Les sulfureuses : Aachen a du chlorure de sodium; Weilbach, 3 grammes de sels alcalins et terreux; Eilsen, 2,50 de sulfates terreux; Nenndorf également. — Des ferrugineuses, Pyrmont a sa place dans les ferrugineuses et les salées; pour Driburg 2,50 de sulfates et de carbonates; Brückenau, 3-4 grammes d'autres sels que le fer.

Dans les eaux salées la prédominance du chlorure de sodium se marque mieux. Remarquons cependant que Kreuznach a 3 grammes de chlorure de calcium et une proportion notable de brome; que Homburg a 1,50 de chlorures terreux et autant de carbonate de chaux; Nauheim plus de 2 grammes de sels calcaires, etc.

A tout prendre les eaux salées formeraient le meilleur groupe chimique.

Cela dit, pour montrer que je ne prétends pas établir, à la légère, une classification sur les débris des autres.

Il en est une forcée, c'est celle de la géographie politique : il faut bien dire eaux d'Allemagne, d'Autriche, de France ; base bien fragile puisqu'elle change avec l'issue des guerres. Quant à la géographie naturelle, elle ne varie que par les grands mouvements du globe plus terribles, mais heureusement plus espacés dans le cours des temps géologiques.

Nous établirons donc des groupes régionaux où la nature du sol, le climat, enfin les mœurs et coutumes nous offriront des bases fixes et des rapprochements utiles. Ainsi nous rencontrerons aux bords du Rhin, Forêt-Noire, Taunus, Silésie, des groupes assez naturels.

EAUX MINÉRALES

Nous diviserons l'Allemagne en trois grandes régions : bords du Rhin, Nord et Sud ; dans chacune d'elles nous distinguerons des régions moins étendues et, autant que possible, naturelles au point de vue du groupement.

BAINS DU RHIN (Ouest).

Ce sont les plus importants, les plus fréquentés, les plus connus de nous. L'Alsace, dont j'ai parlé ailleurs, sera laissée de côté. Elle possède de petits établissements dont la description figure dans les traités d'hydrologie français. Ces sources s'alignent sur le versant oriental des Vosges.

GROUPE DE LA FORÊT-NOIRE
(SCHARZWALD)

BADEN-BADEN

Grand-duché. — Embranchement d'Oos sur la ligne Strasbourg-Carlsruhe.

Ville de 15.000 habitants, située dans une vallée des plus pittoresques et bâtie avec grande élégance. L'administration des jeux l'avait déjà très embellie, et le Kursaal avec son grand salon de fêtes reste comme témoin. Je conserve le meilleur souvenir de ce bon restaurant et des hôtels d'Angleterre, Stéphanie, Cour de Bade.

La ville nouvelle est sur la rive droite de l'Oos; sur la rive gauche, la Trinkhalle et le Casino. Les promenades, parmi lesquelles il faut citer l'allée de Lichtenthal aux chênes séculaires, offrent le mouvement d'une grande ville. Du nouveau château, la vue s'étend sur la ville et les environs. Le vieux Bade est dans une gorge perpendiculaire à la vallée.

La promenade du vieux château (*Alteschloss*) est classique. De la terrasse, vue sur la vallée, le Rhin et les Vosges. De là, promenade aux rochers : *felsenweg* et *Teufel Kanzel*.

Bade est un vieux bain romain *Civitas Aurelia aquensis*. Sa grande prospérité date de l'époque des jeux. De 10.000, en 1830, le nombre des clients atteignait 50.000 en 1865. Il y avait alors beaucoup de Français; rares après 70, j'en ai vu un certain nombre en 78. Aujourd'hui on compte plus de 60.000 étrangers; toujours beaucoup de touristes et peu de baigneurs. Le 1er octobre 1878, on célébrait la fête de l'empereur; ce n'était plus l'entrain d'autrefois.

Climat. — La vallée S.-E. N.-O. s'ouvre vers le Rhin, barrée à l'Est par le *Staufenberg* et un peu protégée du Nord.

Latitude au-dessous du 49°; altitude, près de 200 mètres; moyenne 9°, été 17, hiver jusqu'à — 10; moyenne hygrom. 80, hauteur de pluie considérable. Au commencement d'octobre, journées encore chaudes, matinées fraîches. En somme, climat assez doux, humide. Le sol sablonneux sèche vite. Châtaigniers, bons fruits, émanations des sapins; bonne eau potable.

Saison de mai-octobre, affluence à partir du 15 juillet.

Sol. — Il a été étudié par Sandberger de Carlsruhe. J'ai trouvé partout le grès rouge (*Buntersandstein*) : dans la vallée d'Oos, sur les flancs et au-dessus de l'alte Schloss, à Annaberg, souvent bon pour les constructions. Dans la vallée de la Murg, granite, gneiss et schistes. Dans le granite, les porphyres éruptifs à l'Alteschloss, à Eberstein, à Geroldsau; porphyres quartzifères à gros cristaux blancs et rouges comme à Plombières ; du reste, analogie des terrains. Pour bien voir combien le sol a été tourmenté, il faut aller au couvent de Lichtenthal.

Sources. — Elles sont nombreuses : la principale est la *hauptquelle Ursprung*. Elles naissent, pour la plupart, de la colline fumante du château (*Schlossberg*). A côté de l'ancienne trinkhalle une trappe soulevée laisse voir un souterrain où sont des murs romains, des briques et conduits en poterie. Il y a encore un bassin de captage en marbre romain. Des vapeurs chaudes se dégagent de tous côtés, et ce foyer empêche la neige l'hiver.

La description particulière des sources n'a plus d'intérêt depuis la grande galerie de captage de 400 mètres. La hauptquelle a plus de 68° et les autres moins, depuis 40°. Le débit total, y compris celles de la ville, approche de 1000 mètres cubes.

L'analyse des sources réunies a été faite par Bunsen : densité 1002 ; température 63 dans le réservoir, j'ai trouvé 58 à la buvette. Sels près de 3 grammes, dont Chl. sodium 2 grammes ; silice 0,13. La lithine a fait grand bruit, Chl. lithium 0,04 à 0,05. Pour doser un peu d'arsenic, Bunsen a fait passer, pendant cinq jours, un courant continu d'hyd. sulfuré dans l'eau acide.

C'est donc une eau peu minéralisée ; Valentiner la classe parmi les indifférentes, Heiligenthal entre indifférentes et salées.

Établissements. — La Trinkhalle, 1842, est un beau portique, long d'une centaine de mètres, orné de fresques originales des légendes de Bade. Salles pour la buvette, le petit lait, les eaux étrangères. J'ai vu mêler à la boisson des sels de Carlsbad et des sels de lithine.

Les nouveaux bains *Friedrichs*, pour hommes, et *Augusta*, pour dames, sont des modèles du genre. Je me servirai de mes notes pour la description du premier.

Ce bel édifice, style renaissance, en grès rouge et blanc, est sur la pente S.-E. du Schlossberg, à deux façades S.-E. et N.-O. Au premier, grand vestibule à colonnes, escalier double rampe. Cabinets, 8, *Wannenbader*, à doubles baignoires de marbre blanc et d'un cube de 80 mètres ; sophas, toilettes. Piscines à eau courante à 35° et sable au fond pour imiter Wildbad ; salles de douches, inhalation, pulvérisation. — Au second, galerie-promenoir de 60 mètres sur 8. Sous la coupole piscine de natation (*Schwimbad*) d'un diamètre de 8 mètres, température 26°. Autres piscines. Salles de douches de vapeurs naturelles, d'air chaud, vestiaires, salles de repos coquettes. — Au troisième qui se trouve au niveau de la place, ce qui rappelle un peu la disposition du bain du Mont-Dore : peu de cabinets, des buvettes, de grands réservoirs d'eau refroidie et d'eau froide.

N'oublions pas la grande salle de gymnastique suédoise. La température de l'eau sert au chauffage du linge et de la maison.

L'ancien *Dampfbad* à côté de l'Ursprung est le bain des indigents. Autrefois, il m'avait paru doux et agréable.

Les bains des hôtels Stéphanie, Cour de Bade, Darmstadt laissent peu à désirer, et je puis témoigner de l'excellence du service. Au *Ludwigsbad*, la roue de la piscine produit des vagues (*Wellen*).

Depuis l'hôpital Benazet, se sont fondées plusieurs maisons de bienfaisance, des sanatoria.

Indications. — L'eau s'administre en boisson et en bains : on boit le matin en se promenant suivant l'usage ; breuvage facile à boire, légèrement salé comme un petit bouillon. Les adjuvants sont le lait, le petit-lait, les eaux étrangères. Pour obtenir l'effet laxatif, le sel de Carlsbad est nécessaire. Le bain est stimulant, résolutif et congestionnant quand il est pris trop chaud ; quelques accidents graves sont survenus. La poussée demande surveillance.

Le rhumatisme sous toutes ses formes, en particulier le rhumatisme chronique et ses lésions consécutives, ont fait la réputation de Bade. Bains jusqu'à 40°, bains de vapeur en caisse, d'air sec, etc. Les trois quarts améliorés ; si les lésions et déformations sont anciennes, peu de succès. Dans la goutte peu de guérisons ; dose jusqu'à 10-12 verres et addition de lithine. Les restes d'endocardite ne comportent que des bains tempérés. Aux exsudats s'appliquent les modes balnéaires résolutifs. Névralgies et paralysies d'origine rhumatismale. Un certain nombre de paralysies de cause centrale, elles sont améliorées.

Quelques maladies de peau et les vieilles syphilis avec le traitement combiné, que favorisent les bains de vapeur. Les vieilles blessures de guerre et autres. Bade est moins puissant que les salées fortes contre la scrofule et les maladies osseuses.

Indications secondaires dans les catarrhes de l'estomac, coliques du foie et des reins, troubles et engorgements utérins, voies respiratoires. J'ai appris des baigneurs de service et des croupiers qu'ils guérissaient leurs rhumes à la source. Rappelons enfin qu'au Dampfbad ancien nous avions rencontré nombre de maladies d'yeux et d'oreilles.

Ainsi la clinique est variée, les résultats encourageants; mais le nombre des malades est restreint (1).

Bade se rapproche de Bourbon-l'Archambault à plusieurs égards, cette dernière plus alcaline.

Une belle excursion de voiture, de deux heures environ, conduit de Bade à Gernsbach par Lichtenthal, le tour du Mercure, les ruines d'Eberstein; longue descente à travers les rochers et les sapins.

Gernsbach. — Petit établissement où se préparent des bains de pointes de pin avec une dizaine de litres de décocté par bain; des vapeurs balsamiques, de l'essence de pin, des liniments alcooliques. Rhumatismes et névralgies, catarrhes pulmonaires.

Rothenfels. — Autre petit bain de la vallée de la Murg que j'ai trouvé assez bien installé, relative-

---

(1) Je rappellerai les doléances des Drs Müller, Gans, Heiligenthal qui m'ont fourni de bons renseignements.

ment à sa fréquence; maladies abdominales, hémorroïdes.

Si j'ai mentionné ces deux petites localités, c'est à cause de la proximité de Bade, but d'excursions.

Dans la Forêt-Noire badoise, autour du Kniebis, les bains sont presque tous dans la vallée *Reuchthal*, sur la ligne Appen-Oppenau.

Latitude de Strasbourg. Altitude de 5-600 mètres. Moyenne annuelle 8°; été 16. Climat frais, assez doux même en automne; air de montagne dans les sapins. Saison mai-octobre, vie animée, simple. Bunsen a signalé l'analogie de constitution chimique d'où la similitude d'applications thérapeutiques.

Rippoldsau. — Station bien connue dans la vallée Kintzig, recevant environ 1.500 Kurgäste, chiffre que j'avais vu il y a trente ans. Température des sources 8-10°, débit faible. Minéralisation 3 gr. 5 dont bicarbonate terreux 2, sulfate de soude 2; CO_2 plus d'un volume; le bicarbonate de fer dépasse 0,10.

A la boisson on ajoute des sels pour imiter certaines eaux. Les bains sont chauffés par la méthode de Schwarz. Il en est de plusieurs espèces, entre autres avec la boue de Franzensbad. Indications des eaux martiales, le climat aidant.

Griesbach. — La principale source, *Antonius*, a également 8-10°; sels 3 grammes dont 1,7 bicarbonate terreux, sulfate de soude 0,8; bicarbonate de fer 0,07; CO_2 1 vol. 1/4.

L'eau s'exporte au loin. Le Badhauss a 75 cabinets, le débit dépassant le précédent.

On compte environ 1.800 baigneurs, lesquels suivent un traitement analogue.

Pétersthal. — Environ 1.500 Kurgäste. Même température; débit faible. Composition analogue; un peu plus de gaz et moins de fer. Exportation.

Encore *Antogast*, très ancien, *Freierbach*, etc.

BADENWEILER

Grand-duché de Bade-Sch-wald, entre Freyburg et Bâle, à 40 kilomètres de celle-ci. De la station de Mülheim, une heure de voiture par une montée raide à travers prairies, peupliers, noyers, etc. Situation merveilleuse sur la pente N.-O. du Blauen; vue sur la Forêt-Noire, l'Alsace, les Vosges. Hôtels Römerbad et Carlsruhe où nous dînions dans la *Speisesaal* de 200 couverts, avec bon vin blanc de Margräfer. Le café du Kurhauss et le parc étaient très animés. Il y avait alors 3.000 Kurgäste, aujourd'hui 4-5.000; beaucoup du Nord de l'Allemagne.

Badenweiler remonte aux Romains. La brochure de Thomas, 1875, nous renseigne sur les vieux auteurs qui ent ont parlé : T. Montanus, Guy d'Andernach, etc.

Climat. — *Klimatishe Curort*. Latitude au-dessous du 48°. Altitude 425 mètres. Exposition aux vents O. D'après Thomas, l'été 18-20°, maximum 35 en juillet. Hygrométrie 70. La source de la place 11° est au-dessus de la moyenne, l'eau potable pure.

Vers l'Ouest c'est le trias, le jurassique; à l'Est, granite, porphyre, grauwacke. Mines de plomb argentifère.

Sources. — Le captage a été fait dans le Muschelkalk. L'eau limpide a une température de 27° que j'ai vérifiée, et arrive à 26 dans les piscines ; débit environ 1.500 mètres cubes. C'est une thermale simple ne contenant que 0,35 de sels communs.

Les ruines romaines furent découvertes en 1784 ; elles datent d'Adrien ou Caracalla (1).

Dans le nouveau bain de style renaissance, à colonnade, se trouve le *Marmorbad*, vaste salle pompéienne de 10 mètres de haut. La piscine, en marbre blanc, offre le bel effct des reflets bleus de l'eau de montagne. Longueur 20 mètres, largeur 8 mètres, profondeur 1 m. 30 ; ce qui donne plus de 200 mètres cubes. L'eau y coule constamment et elle se vide tous les jours. Le bain y est des plus agréables. Autour dix-huit cabinets élégants. Quelques hôtels ont des baignoires. Douches jusqu'à 18 mètres de pression.

Il y a aussi une grande piscine à l'air dans le genre de Bourbon-Lancy.

Ajoutons les bains de boue, les inhalations Wasmuth, etc. La boisson, accessoire, fait place au petit-lait, raisins, eaux étrangères, etc.

Autrefois, me disait le docteur Siegel, la cure pré-

---

(1) Dans le parc elles sont entourées d'une grille ; sur une pierre se lit l'inscription : *Dianæ abnobæ*. Vaste parallélogramme de 75 mètres sur 25 ; à deux entrées (*atrium*) et un vestiaire (*apodyterium*).

Au centre 4 piscines dont 2 rectangulaires et 2 à extrémités demi-circulaires. Longueur 12 mètres, largeur 8, profondeur 1,40 ; ce sont mes mesures. Deux autres plus petites et rondes. Les revêtements de marbre ont disparu ; les gradins et le dallage de pierre en bon état. De plus, des baignoires carrées, des cellules à vapeur et d'autres dites *uncteria* ; à un angle un trou de vapeur.

Un petit musée offre des fragments de marbre, de béton, des tuyaux perforés pour la vapeur.

Ces piscines nous ont paru très semblables à celles d'Evaux et d'Aix en Provence.

cédée de saignées et de purgations était assez longue, et les bains duraient plusieurs heures, suivis de repos au lit. Aujourd'hui, la cure se prolonge souvent de six à huit semaines, à cause du climat, facteur important; mais les bains sont courts.

Indications. — L'anémie (j'ai vu à table d'hôte beaucoup de visages pâles); les névroses, les maladies de femmes; dysménorrhée, congestions, pertes blanches ou sanguines. Spermatorrhée. Crampes, paralysies des hystériques. Rhumatismes nerveux, hypocondrie. Prédisposition à la tuberculose, lymphatisme plutôt que scrofule. Dans les catarrhes pulmonaires, asthme usage des vapeurs résineuses.

WILDBAD

Wurtemberg. *Schwarzwald*. A quatre heures de Stuttgart par l'embranchement de Pforzheim. De Stuttgart la contrée est riante à travers prairies, cultures, arbres fruitiers. A Pforzheim la vallée de l'Enz est encore bien ouverte, puis elle se rétrécit à l'approche de Wildbad.

La route préférable est celle de Baden par Gernsbach, six heures de voiture; rien de plus pittoresque : vallée de la Murg; montée jusqu'aux hauts plateaux à travers les forêts de sapins, puis descente de 500-600 mètres par *Kaltenbronn*. Partout le grès de la Forêt-Noire qui, par la pluie, forme une boue rouge sur les routes. On arrive ainsi par la vallée assez étroite où s'aligne la ville de bain.

Petite ville de 3.000 habitants dont la rue principale suit la vallée. L'hôtel Bellevue est perché à l'entrée; puis l'hôtel Badhauss et *Klump* sur la Kurplatz, un des meilleurs que j'ai trouvés en Allemagne; le dîner, 4 M., était excellent. La Kurplatz est le centre du mouvement; tout à portée les beaux arbres de *Konigs-anlagen* (chênes, hêtres, tilleuls de haute venue).

La promenade de l'Enz, jadis solitaire, est aujourd'hui animée; elle conduit à Klosterlé, une heure de voiture.

En 1836, il n'y eut que 800 visiteurs; avant la guerre j'ai vu sur la Kurliste 6.000, dont quelques familles françaises; en 1880 10-12.000, et actuellement même chiffre.

Des notes utiles m'ont été fournies par le docteur Burkhard, belle figure de Burgrave, bon praticien, et par Renz qui a écrit tant de mémoires intéressants sur l'histoire de Wildbad (1).

Climat. — La vallée S.S.O.-N.N.E. est resserrée entre des hauteurs de 5-600 mètres. Les vents du Nord ont accès, ceux d'Ouest dominent. La pluie refroidit assez vite. Lat. au-dessous du 49°; alt. 450 mètres. D'après les longues observations de Vogt et de Zink : moyenne 8°, à Stuttgart 10; été, 17; saison 15, j'ai trouvé pour les sources d'eau potable, 9-11°. Hygrom. jusqu'à 90; peu d'orages. Le châtaignier vient bien.

Saison mai-octobre. Cure d'hiver.

La roche dominante est le grès rouge employé pour bâtir, *Rothliegende* avec dolomie. Granite, le long de la vallée, à gros grains et à grains fins, altéré à Klos-

---

(1) Nous nous retrouvions le soir, à la brasserie, avec le professeur Erb, admirateur de Charcot et Gurko, de Berlin.

terlé. Filons de baryline, fer oligiste, manganèse. En somme analogie avec Plombières.

Sources. — Sortant du granite par des forages peu profonds et par des fissures allant de O. à E. ; il semblerait qu'une nappe thermale partant de Bade se porterait vers Liebenzell.

Eau pure, à reflets bleus, non gazeuse ; temp. 33-38° débit 1.000-1.200 mètres cubes ; sels 0,50 et grosses bulles d'azote. C'est donc une thermale simple. Granville émet une hypothèse ingénieuse sur une modalité spéciale du calorique. La boisson a peu d'importance (1).

Bains. — La balnéation remonte au xiv° siècle. Paracelse en fait mention ; je renvoie à l'historique si complet de Renz.

Parmi les maisons de bain : les Thermes, bâtiment en grès rouge, style romain, de 1840. Autour de la cour, les galeries à voûtes hardies, toujours chaudes l'hiver. Les piscines, divisées par des murettes comme à Luxeuil, sont à écoulement constant et vidées souvent. Quelques-unes de luxe, *Fürsten*, dont l'une en rotonde, revêtue de marbre blanc, a fixé mon attention. Un fond de sable épais laisse filtrer les filets d'eau chaude sortant du granite. Granville se complaît à retracer les douces sensations de ce bain original, lequel, je puis l'affirmer, mérite le nom de bain de délices octroyé à Moligt. Autour des piscines, petits cabinets ouverts en haut.

Au nouveau bain *Kaiser Karl*, se donnent les bains de toute espèce : d'air, de vapeur, électriques et le massage. La gymnastique suédoise assez suivie.

(1) Gesner, 1744, trouve 34-38° ; Dezen, 1836, 32-38 ; Burkhardt, 33-36° ; Granville 38, 5 maximum).

Plusieurs fondations de charité, entre autres l'ancien *Katharinen*.

Le service est bien fait, cela depuis de longues années ; il n'est permis d'aller aux piscines qu'après un bain de propreté. Le régime est celui des bains allemands.

Indications. — Le professeur Erb, en même temps que moi, faisait l'observation que l'eau mouillait peu la peau, et que le bain donnait un grand bien-être, à la condition que la durée ne dépassât pas une heure.

En premier lieu l'atonie, *Allgemeine Schwæhe*, par suite la puberté et la vieillesse débiles, la convalescence des états graves. Rhumatisme musculaire et articulaire, même avec quelques lésions valvulaires. Goutte vague, atonique. On obtient la résolution des exsudats de ces deux diathèses. Névroses diverses, hystérie ; anesthésies, crampes, névralgies rebelles.

Beaucoup de paralysies, spécialité remontant à Gerlach ; les chaises roulantes et les béquilles en témoignent. Des machines descendent les malades de leur chambre dans les galeries de bains.

Paralysies apoplectiques sans irritation ni contractures ; paraplégies sans myélites. Tabes soulagé, jamais guéri, me disait Burkardt. Aucun succès dans l'atrophie progressive. Dans les accidents traumatiques, blessures de guerre, la spécialité est moins accusée qu'à Teplitz.

Les vieux auteurs, Deucer et Fricher, parlent des maladies urinaires. C'est surtout les affections utérines avec névralgies, exsudats qui sont à signaler. Prendre garde au *molimen hemorrhagicum*

En somme, Wildbad semble tenir le milieu entre Gastein, plus puissant, et Ragatz, plus calmant. Analogies avec nos eaux thermales simples des Vosges.

Dans cette même région, Forêt-Noire, nous trouvons :

Liebenzell. — Ligne de Pforzheim à 12 kilomètres de Wildbad. Au milieu de montagnes boisées. Altitude 350 mètres. Il y venait, il y a trente ans, 2-300 personnes ; aujourd'hui plus de 1000. Les sources viennent du granite, température 26-28° ; débit faible, ce qui n'empêche pas de donner des bains. Peu de gaz, peu d'éléments salins dont Chl. sodium 0,60. Névroses, spécialité utérine.

Teinach. — Un peu plus loin de Wildbad, ligne Pforzheim à 3 kilomètres de la station du chemin de fer ; vallée E.-O. dans la montagne. Peu fréquenté Altitude 400 mètres. Moyenne annuelle 8° ; pluie 750 millimètres. Sources de 9-12°, débit moyen. Plus d'un volume de gaz CO^2, sels 2 gr. 1/2 partagés entre carbonates alcalins et terreux. Eau de table exportée. Bains assez bien installés. Anémie et voies digestives. Climat facteur important.

Eau alcaline terreuse faible.

En remontant vers le Taunus deux sources sulfureuses peu fréquentées :

Langenbrucken. — Duché de Bade près Heidelberg. Froide, sulfurée calcique faible ; sels terreux ; bains, inhalations.

Weilbach. — Ligne Francfort à Wiesbade. Bonne installation, grand parc, climat tempéré. La source sulfureuse froide a joui d'une réputation exagérée. La source *Natron* qui a 3 grammes de sels alcalino-terreux et très peu de lithine. Exportation importante. Bains, salles d'inhalation.

Catarrhes pulmonaires et tuberculose. Asthme, effets sédatifs (Stifft). Maladies de peau. Syphilis par le traitement combiné. Intoxication saturnine. La source Natron s'applique à la diathèse urique.

GROUPE DU TAUNUS

Le plus important des bords du Rhin et le plus riche en sources salées, semblables entre elles. Il est peu d'endroits où le groupement régional soit mieux justifié.

WIESBADE

Ancienne capitale du Nassau, communiquant par trois gares avec les grandes villes du Rhin, à 5 kilomètres de la station de bateaux de Biebrich. — Sur la pente S.-S.-O. du Taunus.

Ancien *Visbium*, *Fontes Mattiaci* de Pline. — Ville de 80.000 habitants. — Grands hôtels (Nassau, Métropole, Kaiserhof). restaurants de premier ordre, maisons avec jardins, villas coquettes. — Point de fumées d'usines. — C'est une ville monumentale qui frappe l'étranger arrivant par la *Wilhlem Strasse* et les *Neue Anlagen*, coup d'œil féerique en pleine saison où le mouvement est extraordinaire. Au temps des jeux, il y avait déjà le Kursaal, sa double colonnade et son grand salon à colonnes de marbre ; le parc et les pièces d'eau. Les embellissements continuent, et le funiculaire du *Neroberg* vous transporte dans les bois. Ajoutez théâtre, musée, bibliothèque, etc., et vous comprendrez l'attrait de cette grande station. Je la comparerais volontiers à Cheltenham en Angleterre.

Au temps des jeux, c'était déjà une ville prospère, attrayante, dont le chemin était bien connu des joueurs français; il y passait environ 50.000 personnes; de 80.000 en 1882, le nombre a passé à 120.000 le plus grand nombre touristes, mais assez de baigneurs pour justifier la présence d'une centaine de médecins. — Curtaxe 20 M.

Climat. — Latitude 50, altitude 100-120 mètres. Vallée Salzbach ouverte au S.-S.-O. et abritée par les hauteurs de la Platte, les bois du Taunus. — Moyenne 10°, été 18, hiver 2-3. Jours d'été chauds; jours d'hiver assez beaux pour la promenade; hygrom. 60-70. Vents O. dominants 130-140 jours de pluie. La neige ne persiste pas; le bassin d'eau chaude y est pour quelque chose. — Magnolias, châtaigniers.

Ce climat se rapproche de celui de Paris et la ville d'eaux est mieux protégée. De là, une cure d'hiver de plus en plus suivie, et le nom un peu ambitieux de Nice allemande. Les logements sont bien disposés pour la saison rigoureuse.

Bonne canalisation; bonne eau potable. — Mortalité 18-20 pour 1000, c'est-à-dire moindre que dans les grandes villes allemandes.

La plaine appartient au tertiaire; plus haut, schistes du Taunus.

Sources. — Nombreuses, orientées N.-E. S.-O.; leur description n'aurait point d'intérêt. — Au centre de la ville fume le *Kochbrunn* où se pressent les buveurs à la trinkhalle et sous la galerie de fer : température 68-69°; débit 7 à 800 mètres cubes. — Densité 1006,5; sels 8,25 grammes, dont Cl. sodium 6,8, autres chlorures 0,8 ; un peu de carbonate calcaire, peu de sulfates; CO^2, 200 centimètres cubes. — Autres sources moins chaudes. Débit total de 2 à 3.000 mètres cubes. C'est donc une abondance exceptionnelle qui assure l'avenir.

A la boisson, très employée, se joignent les eaux étrangères et, dans une section de la colonnade, les raisins du Rhin et d'Italie; encore le molken.

Bains. — *Augusta* et *Victoria* où s'administrent bains d'eau minérales, de boue, de vapeurs, turcs, électriques; douches et inhalations. Ensuite l'air comprimé, la gymnastique suédoise; l'hydrothérapie (*Nerothal*).

Balnéation bien installée dans les hôtels qui disposent d'un millier de baignoires ; ressource précieuse, surtout en hiver.

N'oublions pas les hôpitaux civils et militaires et le sanatorium de *Lindenhof*.

Il est rare de rencontrer une installation aussi complète, des cures aussi variées, un pareil concours d'étrangers. Je ne connais que Bath, en Angleterre, ayant un pareil chiffre.

Indications. — Nous empruntons à C. Braun ses conclusions sur l'action physiologique : elles sont reproduites dans Pétrequin et les traités de balnéologie. Il distingue les effets des petites doses, au-dessous d'un demi-litre et des fortes au-dessus. Dans le premier cas, stimulation des glandes buccales et stomacales, augmentation de l'appétit, digestion activée, tendance à la constipation ; urines plus abondantes plus chargées. Liquéfaction des substances protéiques, reconstitution des globules, augmentation du poids du corps. Dans le second cas, la quantité plus grande d'eau rafraîchie produit des selles molles, liquides, un vide stomacal, un besoin vif de réparation, puis de la constipation; affaissement du ventre. L'eau, bue chaude, porte un peu son action vers la peau et les reins.

Cette méthode purgative, bien dirigée, entretient les fonctions digestives, la rénovation des matériaux, l'absorption de la graisse. L'abus peut produire anorexie, diarrhée, ténesme, jusqu'à l'entérite. Ces accidents sont plus rares ici qu'aux eaux salées fortes. Les bains, outre les effets dus à la température, augmentent la proportion d'urée éliminée.

Rhumatismes de tout genre et lésions consécutives; de préférence chez les sujets faibles, irritables. Même remarque faite par Bertrand au Mont-Dore sur les succès dans les métastases. Mêmes pratiques de sudation au lit après bains chauds; frictions et enveloppements. Précautions à prendre contre les sueurs profuses dans la grande chaleur.

Ancienne réputation dans la goutte atonique et viscérale, surveillance dans le retour des accès, les congestions, les sueurs énervantes. — Résorption des exsudats arthritiques.

Les scrofuleux ne sont pas nombreux comme à Kreuznach; Hébra ne voulait pas de ces bains pour l'eczéma. Le traitement combiné de la syphilis que nous ne faisons qu'indiquer, sera mieux examiné à Aachen.

Indications communes avec les thermales simples : paralysies suites de rhumatisme, d'intoxication, de fièvres; névralgies sciatiques soumises aux bains hyperthermaux, blessures de guerre.

Viennent ensuite les catarrhes gastro-intestinaux,

la constipation habituelle par atonie contractile; les stases abdominales qui se jugent par des sécrétions séro-sanguines et le retour d'hémorroïdes. — Les médecins anglais et hollandais envoient quelques maladies du foie (des Indes), beaucoup moins qu'à Carlsbad. — Quelques affections des voies respiratoires comme à Baden; coupage de l'eau salée chaude avec lait ou petit-lait, inhalations. Troubles menstruels, engorgements utérins. — Dans tous ces cas où les muqueuses digestives, aériennes, vagino-utérines manquent de ressort, les salées plus fortes, plus gazeuses sont préférables.

Parmi nos eaux salées chaudes, Bourbonne se rapproche de Wiesbade : *Bourbonne ist in bezug auf den gehalt und temperatur seiner quellen so wie auf deren anwendung das franzosiche Wiesbaden* (J. Braun).

Nous avons mis à contribution pour la partie médicale les travaux de nos confrères C. Braun, Heymann, Pfeiffer, etc.

SODEN

Station à une demi-heure de Francfort, dans la plaine au pied du Taunus; vallée du Sulzbach.

Grand village que traverse la *Konigsstrasse*. — Bons hôtels et maisons avec jardins et roses grimpantes sur les murs. Kursaal, vaste salle à manger. Parc bien tenu. Il y a plus de trente ans je voyais sur la curliste 3.000 kurgäste; ce nombre a peu augmenté.

Climat. — Il a son importance à cause des maladies de poitrine. Lat. 50, alt. 140. — La vallée encaissée est abritée N.-O. — Moyenne 8-9 ; été 16-17. Le 2 août la chaleur était si forte que je dus monter à Königstein ; hygrom. 75. — Climat mou et humide, *relaxing*. Noyers et châtaigniers.

Saison mai-octobre.

Sources. — Une vingtaine variant de température et de richesse saline. J'ai trouvé au Soolen 30°, au Milchbrun 24, au Warmbr. 22. Les plus fraîches à partir de 15, les chaudes jusqu'à 36. Éléments salins 3-16 grammes dont le principe dominant Cl. sodium ; Cl. potassium jusqu'à 0,65 ; un peu de carbonates, brome iode et fer. Dans le bassin du Soolen, source forée à plus de 200 mètres, nagent des flocons jaunâtres et se déposent des flocons ocreux. Peu de gaz sauf le Champagnerbr.

L'émergence est dans les schistes, *sericitshiefer*.

La boisson est altérante ou laxative suivant la dose, 10 à 30 onces. — Les anciens bains étaient trop petits ; le nouveau de 1871 est mieux. Il y a actuellement les inhalations, les bains électriques, le gymnase suédois.

Indications. — Bien exposées par Thilenius que j'ai eu l'avantage de connaître à Soden. Sa pratique est sage : dose modérée de la boisson au début ; les fortes doses d'emblée dérangent les fonctions stomacales. L'effet laxatif est à désirer. — Les bains, stimulant assez vivement la peau et la circulation (j'en ai fait l'épreuve), ne doivent pas être prescrits tous les jours. Pour certains malades la stimulation modérée des fonctions n'est pas un mal. — Les pertes quotidiennes de selles muco-séreuses et d'urée par l'urine entraînent un besoin de réparer qui produit la rénovation organique (*Stoffwechsel*). Les muqueuses se détergent et les glandes se résolvent. Parmi les phénomènes critiques selles muco-gélatineuses, sanguinolentes, sédiments uriques, etc.

La cure ne marche pas toujours sans incidents : diarrhée au début, mauvais signe; puis constipation, anorexie, gastricisme, fièvre, insomnie, fatigue, perte des forces.

Le climat sédatif calme les excitables, mais énerve les torpides et les anémiques. Les maladies de poitrine sont, de longue date, une spécialité, même les tubercules plutôt crus que ramollis; à la table d'hôte j'ai entendu des toux rauques et vu des visages souffreteux; nombre de laryngites chroniques, de bronchites, d'asthmes; certains asthmatiques montent à Kœnigstein pour dormir. Une statistique de Thilenius donne 30 guérisons de tuberculeux sur 350; une bonne moitié de catarrhes bronchiques guéris ou améliorés; des cas de guérison de pneumonie chronique, etc.

Spécialité moins accusée pour les catarrhes gastro-intestinaux, la dyspepsie, la pléthore abdominale, les engorgements hépatiques, utérins. Le rhumatisme, la goutte atonique et leurs suites comme aux autres eaux salées. Essais pour les maladies du cœur.

Soden, trop vanté à une certaine époque, mériterait d'être plus suivi.

HOMBOURG

Hesse-Nassau, station à une demi-heure de Francfort, 18 kilom.

Ville de 10.000 habitants, bien placée, la *Luisenstrasse* centre élégant. Bons hôtels, villas coquettes, parc étendu et belles allées des sources. La grande allée de peupliers (4 kilom.), va au pied du Taunus; chêne de Luther. Le Kursaal est un souvenir des jeux; bel édifice à l'italienne dont la salle des fêtes pouvant abriter un millier de danseurs, l'énorme lustre et la terrasse, et le restaurant Chevet faisaient les délices de l'étranger. Au théâtre, temps de splendeur, j'ai entendu la Patti que Blanc payait dix mille francs pour un soir de gala, la Marchisio et nos grands artistes.

La liste accusait alors plus de 40.000 p., en 1875 encore 20.000; ce nombre a diminué; ce n'est pas comme Bade. — Curtaxe 16 m.

Climat. — Lat. 50°, alt. 200 m. L'abri du Taunus N.-O. est incomplet. Moyenne 8-9°, été 18. Du 8 juillet au 5 août 1866, j'ai noté : jours beaux 11, pluie 12, couverts 5. Vents assez secs. Beaux jours d'automne. Climat plus frais que Wiesbaden. Saison longue; cure d'hiver. Les maladies inflammatoires ne sont pas rares dans le pays,

Encore les schistes et les quarzites, *thon, sericit-schiefer.*

Sources. — Les principales, au nombre de cinq, sont à 1 kilom. environ du centre, condition d'exercice matinal pour les buveurs. Bien captées dans leurs bassins de pierre, entourées de balustrades et reliées par des allées ombragées. Elles bouillonnent, par intermittences, en écumant; elles sont claires, piquantes, salées, et laissent des dépôts terreux et ocreux. Temp. de 10 à 12°. Débit une centaine de mètres cubes.

Les analyses de Liebig, de Miahle, Fresenius semblent en désaccord à cause du groupement hypothétique. L'*Elisabeth-br.* a un volume de gaz CO^2 libre ; 10-11 de chlorure de sodium sur 14 de sels, avec une densité de 1011. Le *Kaiser* et le *Ludwig* ont près d'un volume et demi de gaz, quantité rare. *Luisen* et *Stahl-br.* ont 0,06 et 0,09 de bicarb. de fer, ferrugineuses fortes.

Bien que les autres soient moins riches en fer, on doit classer ces eaux parmi les acidules salées ferrugineuses.

Autrefois on transportait l'eau dans les tonneaux, assez mauvaise pratique ; aujourd'hui elle est conduite dans les deux maisons de bain, l'une ancienne où je me suis baigné trente-cinq ans passés ; l'autre nouvelle, *Kaiser-W. bad*, élégante où sont les salles d'inhalation, bains variés, hydrothérapie, massage, eaux mères des bains voisins. A ces cures accessoires joignons le petit-lait des chèvres d'Appenzell qui broutent sur les collines.

La cure est donc très variée, assez longue, 3-6 semaines : boisson 2-4 verres de 200 grammes, addition d'eau minérale chaude, de sels purgatifs, de lait, petit-lait. Bains à temp. moyenne, durée de 15-45 minutes. Le Ludwig est employé comme eau de table.

Au temps des jeux le régime était peu sévère et les grands hôtels s'approvisionnaient chez Chevet. Maintenant les clients, plus sérieux, observent mieux les règles indiquées plus haut.

Indications. — Les médecins ne recherchent pas la purgation luttant, en cela, contre le préjugé ; préférant les selles molles aux flux liquides, ils s'applaudissent de l'augmentation progressive de l'appétit, de l'affaissement du ventre avec perte de poids, de l'aptitude à l'exercice, de la tonicité des muqueuses, souvent ils font transvaser ou chauffer le kaiser trop gazeux, trop excitant.

Le traitement complet, par boissons et bains, produit, outre l'ébriété passagère, la stimulation circulatoire, les migraines, la fièvre et parfois des raptus hémorragiques dont j'ai cité quelques cas (vus par moi-même), dans une brochure déjà ancienne.

Le climat n'est pas contraire aux anémiques lesquels usent des sources ferrugineuses qui ont remplacé Schwalbach; ils prennent des bains salés frais. — Quelques rhumatisants et goutteux, — quelques scrofuleux de Francfort; Hombourg ville de bains salés mais de plaisir, ne les recherche pas, plutôt l'affaire de Nauhedm; il va en être question plus bas.

La spécialité s'adresse au système gastro-intestinal et aux organes abdominaux, catarrhes gastriques sans inflammation; ces eaux ne sont rien moins qu'antiphlogistiques. La source Élisabeth a fait ses preuves dans la constipation ancienne.

Pléthore abdominale et ses accompagnements : hémorroïdes, obésité, diabète. Friedlieb mentionne un négociant d'Anvers diminué de 70 livres en deux saisons. — Le Ludwig réussit bien dans la lithiase biliaire et les hypertrophies hépatiques. — Aux affections utérines les eaux ferrugineuses ajoutées au traitement salin en évitant les congestions.

Pour les voies respiratoires l'air est un peu vif. La *Gazette médicale de Vienne* rapporte des cas d'emphysème. — Hypocondrie dépendant de l'état veineux (1).

(1) Environs, — *Saalburg*, forteresse romaine. — *Friedrichsdorf*, village voisin d'un millier de protestants français qui ont conservé leur école, leur langue nationale; partout des enseignes françaises, c'est l'idiome du xviie siècle.
Homburg eut à subir une occupation prussienne en 1866.

NAUHEIM

Hesse-Darmstadt. Station de la ligne Francfort-Cassel; de Francfort 45 minutes; à la pointe de la chaîne du Taunus.

Grands hôtels Kaiserhof; Impérial, Bristol, etc. Deux rues principales *Kur* et *Parkstrasse*. — Kursaal d'un joli style et pavillons en saillie; grand vestibule à colonnes et terrasse d'où la vue s'étend sur la ville, le parc et les collines. Le directeur Künz me faisait ses doléances en 1866 à la veille de la faillite.

La Kurliste inscrivait alors 3 à 4.000 personnes ; en 75, après la suppression des jeux 6.000 ; en 1900 plus de 20.000. Société plus élégante et prix élevés. C'est une station nouvelle, car, en 1837, Granville n'en dit mot. — Curtaxe 15 M. après cinq jours.

Climat. — Latitude au-dessus de 50°, altitude 140. Direction de la vallée N.-S. ; exposition N.-E. laissant un libre accès au vent de la plaine Wetterau dont le grand étang à un demi-kilomètre donne peu d'humidité, brouillard rare. — Moyenne barométrique 750. — Moyenne de l'année 9-10°; été 18. — J'ai vu faire les moissons aux premiers jours d'août. Culture de la vigne. Le climat frais et le défaut de protection ne seront-ils pas un obstacle aux essaiss de la cure d'hiver? — Saison mai-octobre.

C'était en pleine saison, le canon grondait au loin; mais on nous laissa bien tranquilles. et les soldats badois, les cuirassiers blancs et les hussards bleus se promenaient tranquillement aux sources et au Kursaal.

J'assistai alors à quelques discussions politiques où je pus constater l'animosité croissante contre la France, c'était un avertissement.

Sources. — Une douzaine de puits forés jusqu'à 200 mètres ont révélé la nature du sol : le tertiaire repose sur les schistes de transition ; schistes à orthoceras, calcaire à strigonocéphales, grauwacke à spirifères. Voir la brochure de l'ingénieur O. Weis, 1855. La thermalité des sources ne s'accordant pas avec le peu de profondeur, les ingénieurs ont supposé une nappe profonde dont la sonde n'atteint que la superficie. Plusieurs sources ont disparu et réapparu à la suite de tremblements de terre. Les basaltes du Vogelsberg ne sont pas très loin.

Les principales sources usitées sont le *Kurbrunn*, le *Salzbrun*, la *Karlsquelle*, le *Kleiner sprudel*, *Grosser sprudel* et *F. Wilelhm*. Le forage de 1900 a produit une source nouvelle.

Les analyses de Bromeis, Chatin, Will ne diffèrent que par le groupement. — Kurbrun-température 22°, densité 1014 ; sels 17,5 dont Cl. sodium 14, Cl. potassium 0,50, sels terreux 2,5 ; gaz libre 800 cc. — G. Sprudel : température 32, débit 850 ; sels 26 dont Cl. sodium 21, de potassium 0,50, sels terreux 4-5 ; gaz libre 700 cc. — F. Wilhelm : température 34 à 35°, débit 12 à 1300 m. c. ; sels 35 dont Cl. sodium 29, de potassium 1, de lithium 0,05 ; sels terreux 5-6 ; bromure magnésium 0,08.

On a reproché à Nauheim sa grande proportion de sels terreux ; d'autre part, les variations de quantité des sels que Weiss et Schreiber ont estimées à plusieurs grammes. Il n'en reste pas moins acquis que la température convient pour bains, que la minéralisation est forte, le gaz abondant, enfin que le débit 2-3.000 mètres cubes satisfait aux besoins actuels et futurs ; une bonne partie de l'eau salée va aux salines.

Les deux grosses sources se voient dans les réservoirs à l'air libre où elles laissent leurs dépôts ocreux et calcaires durs, marmoréens. Le jet du F. Wilhelm, laissé libre, s'élève à une douzaine de mètrss.

Les eaux mères *mutterlaüge* ont une grande réputation et s'expédient en bidons. L'eau salée arrivant sur les fascines à 4°, se concentre jusqu'à 18 à 20°, d'où grande économie de combustible ; sur 365 de sels par litre, elle a Cl. sodium 9, de potassium 17, de magnésium 35, de calcium 300, et des bromures quantité variable, suivant les auteurs.

Le traitement consiste en boisson, bains et accessoires.

Le pavillon du Kurbrun est dans un petit parc. Trinkhalle, promenoir couvert de 100 mètres, sur 6, salon de repos, salon pour les eaux étrangères. — La dose est par demi-verre de 3 à 4 onces. Beneke prescrivait le coupage avec la source alcaline ou l'eau gazeuse de Schwalheim pour imiter le Rakoczy de Kissingen ; en vain, je lui objectais que Kissingen avait moins de terres, plus de sulfates.

L'ancien bain, grand édifice à deux pavillons, de plus de 100 mètres en façade, compte 120 cabinets, quelques-uns d'un cube de 60 mètres à grandes baignoires de 500 litres. L'inconvénient des réservoirs dont nous avons signalé les dépôts, disparaît par le *sprudel bad* où l'eau arrive directement du tuyau d'ascension. Le *strombad* est alimenté par des vagues impétueuses. Plusieurs autres bains ont plus que doublé le nombre des cabinets.

Les bains se donnent à 32 ou 33° pendant 15-30 minutes. Beneke les trouvant trop forts, les faisait couper pour imiter Kreuznach. L'addition d'eaux mères rend les bains plus actifs ; elles sont aussi employées en compresses.

Action. — La boisson à petites doses amène la constipation ; à forte dose, une livre et plus, la purgation. Mais il faut éviter la diarrhée, l'embarras gastrique, l'état fébrile. J'ai été témoin de quelques cas d'amaigrissement et perte de poids. — La théorie physiologique de Beneke eut quelque temps un heureux destin, tombant ensuite pour revivre chez nous plus tard ; j'en ai fait la critique dans ma brochure 1868 : il suppose une perte aux dépens des matières protéiques et des sulfates, et un gain en phosphates ; d'où les indications dans les maladies où la transformation des matières azotées est incomplète et les phosphates en moins : scrofules, rhumatisme.

Le bain salé stimule la peau et agit sur l'ensemble par les réflexes ; l'appétit s'accroît et la sécrétion urinaire. L'effet immédiat est de faire tomber le pouls, fait vérifié par Rotureau et par moi-même.

J'ai insisté sur les incidents de la cure dans mon travail sur Nauheim. De même qu'à Homburg, un traitement trop brutal amène l'anorexie, l'irritation gastrique, l'oppression, les congestions, la fièvre, l'insomnie, les symptômes nerveux. A cet égard, sont à redouter les bains fortement gazeux des sprudel et strombad. — Les éruptions cutanées sont-elles critiques ? — Signalons la tolérance particulière des enfants pour cette cure salée ; il en est de même à Salies. Le fait se constate à l'institution Elisabeth pour les jeunes indigents.

Indications. — Tempérament lymphatique et constitution assez forte ; embonpoint plutôt que maigreur. Anémie sans trop de faiblesse. — Types de Hombourg.

La scrofule est la spécialité de Nauheim ; depuis les exanthèmes cutanés, ophtalmies, chapelets ganglionnaires jusqu'aux caries et tumeurs blanches ; beaucoup d'observations favorables. Saisons d'au moins six semaines et répétées. Mutterlaüge comme adjuvant.

Ici se retrouvent les maladies gastro-intestinales de Homburg. Dans les embarras gastriques muqueux, le coupage avec l'eau alcaline et le molken trouve son opportunité. — Dans les flux utérins, injections d'eau salée et de gaz; dans les engorgements, compresses d'eau mère. — Pour les voies aériennes, la promenade aux bâtiments de gradation est recommandée.

Une autre spécialité se rattache aux paralysies, surtout d'origine rhumatismale ; les malades quittent leurs béquilles, j'ai été témoin de plusieurs faits de ce genre. Quant au tabes, Bode montrait plusieurs malades du professeur Erb, notamment améliorés.

Arrivons à la spécialité actuelle, maladie du cœur où la réclame, dit avec raison Grube, joue un rôle trop actif. La méthode *Shott* consiste en un traitement combiné : bains courts, moins salés, moins gazeux ; quelques doses de digitale. Enfin, la gymnastique suédoise raisonnée avec efforts progressifs ; la marche sur un terrain préparé. Ainsi, en quelques semaines de patiente direction, l'action du cœur s'augmente de façon à faire disparaître les suffusions séreuses, la dyspnée, l'atonie musculaire.

Cette spécialité relève plutôt de la méthode que de l'agent thermal ; aussi l'a-t-on introduite ailleurs. Je préférerais des eaux moins actives.

Kronthal. — A une-demi heure de voiture de

Soden à travers les pins; à une heure de Homburg par Oberursel sur le flanc du Taunus, contrée riante.

L'eau minérale de ce petit établissement contient 3-4 grammes de sels; gazeuse un peu ferrée, froide. — Exportation étendue.

Kœnigstein. — En passant ruines de Kronberg. — La ville est propre, les hôtels de bonne apparence. — De la plate-forme du château, 425 mètres, vue étendue sur la vallée du Rhin et du Main.

Kallwasser Anstalt du Dr Pingler, protégé par des bois, très couru. Quatre piscines, *Wellenbad*; eau 10-12°.

Falkenstein. — Sanatorium du Dr Dettwiller. Alt. 450 mètres. Abrité N.-E. Préparation du petit-lait.

KREUZNACH

Prusse rhénane. — Station de l'embranchement de Bingerbruck, vallée de la Nahe.

Ville de 20.000 habitants, divisée en deux parties par la rivière. — *Kreuznach-bad* est dans une île formée par les deux bras. Cette disposition se voit bien de la plate-forme de la source Elise et mieux du belvédère du *Schlossberg*, d'où la vue plonge sur la vallée des salines. — Hôtels *Curhauss*, *Oranien* plus à la mode et autres; maisons de logement coquettes au milieu des jardins; promenades ombragées.

Avant 1870 la curliste accusait 8.000; après, même chiffre, peu augmenté depuis. Aujourd'hui moins de Français; beaucoup d'Allemands du Nord, Russes, Polonais, Anglais, etc.

Climat. — Celui de la vallée du Rhin voisine;

celle de la Nahe, sensiblement N.-S. est ouverte au S.-E. Les vents S.-O. dominent. Il existe une station météorologique.

Lat. au-dessous du 50°, alt. dépasse 140 mètres. — Moyenne 9-10°, été 18 ; j'ai vu, fin août, des chaleurs assez fortes pour produire des embarras gastriques. Le froid n'est pas très vif, si bien que quelques hôtels sont disposés pour la cure d'hiver. La hauteur de pluie égale à celle de Paris. — Vignes de Rüdesheim renommées, châtaigniers, fruits sucrés et même quelques amandiers.

Le grès Buntersandstein est la roche principale et plus loin les porphyres; contact des deux à la source Elise. Nous y reviendrons pour Munster.

Sources. — Nombreuses : l'*Elisen* sur une plateforme qui l'isole de la rivière, ce qui n'a pas empêché quelques variations ; abritée par un pavillon où l'on donne aussi l'eau chauffée, le lait, le petit-lait, les eaux étrangères. La foule s'y presse de 7 à 8 heures du matin ; beau promenoir de 100 mètres de long. — L'*Oranien*, dans une tourelle, moins suivie. — *Victoria* provenant d'un forage de 200 mètres en 1893. — La *Nahe* uniquement pour bains.

L'eau est claire peu gazeuse, peu agréable au goût ; temp. de 10-12° ; débit près de 1.000 mètres cubes en y comprenant celles des salines. L'Elise sur 13 grammes compte Cl. sodium 10,5. — L'Oranien sur 18, Chl. sodium 14 et Chl. calcium 3 ; des chlorures de strontium, de baryum et une proportion de bromures exagérée ; pas de sulfates.

Bains. — L'ancien Kurhauss a un vaste couloir où donnent une quarantaine de cabinets à petites baignoires. En ville on dispose de plusieurs centaines de baignoires ; la balnéation à domicile est préférée bien qu'elle laisse à désirer. J'ai vu le temps du transport par les tonneaux, aujourd'hui ce sont des conduits. Les inhalations se prennent toujours aux bâtiments de gradation ; mais il y a des salles spéciales et l'*Inhalatorium* couvert du parc ; de plus le Wasmuth, les bains de vapeur, etc., le massage. — L'eau mère est très employée non pas à 100 litres par bain, comme l'a dit Trousseau, qui n'avait passé que deux heures visitant sous la conduite d'Engelman, mais 10 à 20 au plus. Nous reviendrons plus loin sur l'eau mère.

Plusieurs institutions de charité : *Krankenhauss*, 120 lits, et *Victoria Stift*, 200 pour les petits scrofuleux.

Indications. — Elles sont ici tracées suivant mes notes prises avec le concours des docteurs : Prieger dont le père fut un des fondateurs de Kreuznach, Michel, Engelmann, Wiesbaden, etc. En général ils procédaient par petites doses progressives et ne recherchaient pas la purgation. Oranien était plus laxatif. Bains tempérés de 15 à 45 minutes et addition progressive de mutter laüge. — Cure longue jusqu'à 60 bains, souvent interrompue par un repos. — Régime déjà indiqué ailleurs, moins sévère que dans d'autres stations. — Quelques incidents tels que diarrhée, embarras gastrique, fatigue, congestions ; tout cela moindre qu'aux eaux gazeuses fortes.

Le type des clients de Kreuznach peut s'étudier à la source, au parc, à table d'hôte : nombre de femmes, d'enfants à face pâle parfois souffreteuse ; gens à béquilles, à chaise roulante. C'est le lymphatisme, le rachitisme, la scrofule à tous les degrés comme à Nauheim. J'ai vu de petits scrofuleux très jeunes, entre autres un de 18 mois, qui buvaient volontiers. — J'ai vu un jeune Russe de quinze ans dont la tumeur blanche du genou s'améliorait notablement en plusieurs saisons. — Michel nous montrait, Isambert de Paris présent, un enfant de cinq ans presque guéri, en six semaines, d'une nécrose grave du maxillaire. — Dans certains cas, l'orthopédie est un adjuvant précieux. — Pour l'ozène, injections nasales, pour les suppurations osseuses, compresses de M. Laüge.

Dans les maladies de peau on invoque l'action du chlorure de calcium prédominant. Le psoriasis est rebelle, Prieger cite la guérison d'un lupus chez un juif de Francfort objet de dégoût pour le public. — Il y avait quelques syphilitiques suivant un traitement rigoureux à la chambre ; traitement combiné avec mercure, décoction de Zittmann, sudorifiques.

Laissant de côté les indications ordinaires des eaux salées dans les affections gastro-intestinales, je m'arrête aux maladies des femmes, vieille renommée qui a valu à Kreuznach le nom de *Frauenbad*. Scanzoni envoyait les catarrhes chroniques. Les engorgements se résolvent d'autant mieux qu'ils se greffent sur un terrain scrofuleux. Les fibromes diminuent et peuvent même disparaître en quelques semaines après plusieurs saisons ; Engelmann rapporte l'exemple typique de Mme de B. La cure complémentaire est utile après l'opération.

Les catarrhes de poitrine se trouvent bien des inhalations au parc et aux salines. Rien pour les phtisiques.

Münster. — Annexe de Kreuznach, cependant assez important, car le nombre des baigneurs arrive à 4.000. — A quelques minutes par voie ferrée ; une heure de promenade par les salines de *Karl* et *Théodore* où se trouvent aussi des bains. La vallée va se rétrécissant jusqu'au rocher de porphyre *Rheingrafenstein*, élevé de 130 mètres au-dessus de la rivière. Du plateau supérieur vue sur les vallées de la Nahe, du Rhin, sur le Taunus; au S. Kaiserlautern, à l'O. Sarrebrück. Encore une belle vue du *Rothenfels*. Un chemin pittoresque mène aux ruines d'*Ebernburg* et d'*Altenbraunburg*.

Münster est plus encaissé que sa voisine, plus chaud le jour, plus frais matin et soir. — La source *Hauptquelle* a 30°, bien que le forage soit peu profond. Un peu gazeuse, moins salée, 8 à 9 seulement, elle se boit plus aisément. — Les bains du Kurhauss sont bien aménagés; baignoires de marbre.

Eaux mères. — Elles se font dans les salines et surtout à Münster. Nous devons en parler à cause de leur célébrité et de leur grand emploi en Allemagne en concurrence avec Nauheim.

Nous avons vu plus haut comment s'opérait la concentration du sel sur les fascines. L'ébullition se fait dans de grands bassins, d'abord rapide, puis lente, durant environ une semaine. Le sel cristallisé, devenu insoluble, est séché dans des paniers pour la vente. Le liquide coule dans un vaste bassin, d'où il est emmagasiné en tonneaux bien cerclés de 700 litres, en cruchons, en vases de fer-blanc. La couleur est jaune brun, l'odeur nauséeuse, la saveur âcre, l'action caustique à la langue, le toucher poisseux.

La grosse partie du sel a disparu et le chlorure calcique forme la masse. Des analyses nombreuses aucune n'est pareille. Sans nous reporter à celle d'Osann de Würtzburg, 1836, qui inscrivait 25 % de bromures, nous rappelons celle de Mohr, 1853 : chl. de calcium 262, magnésium 37, potassium 17, sodium 16, enfin bromures 8-9 (Miahle 7). — Le chiffre de chl. de lithium de Bunsen, 14, quantité contestée par le pharmacien Polsdorf, fut maintenu par le chimiste d'Heidelberg dans une lettre à Engelmann qui me fut communiquée. — En 1892, Ashoff trouvait moins de chl. calcique et un peu plus de chl. alcalins ; 5-6 de chl. lithium et 6-7 de bromures. Que le lecteur se rassure ; le mot de l'énigme c'est la différence d'origine et surtout le temps plus ou moins long de la réduction du liquide selon les besoins de consommation (1).

Nous avons quitté la région du Taunus afin de rapprocher de ce groupe Kreuznach qui offre tant d'analogies de constitution et d'application.

Sur le même côté méridional se trouve :

Schlangenbad. — A une heure de voiture d'Ettville sur le Rhin, tramway à vapeur. Des hauteurs la vue s'étend sur le Rheingau et sur Wiesbade. — Simple village perdu au milieu des rochers et des bois, mais bien pourvu d'hôtels. — Le nombre des Kurgæste, environ 2.000, a peu augmenté depuis 30 ans. — Curtaxe 10 M.

Lat. 50° ; alt. 300 M. — La vallée N.-S. est protégée

---

(1) On a dit beaucoup sur la Mutterlaüge, sur la proportion des chl. calciques en Allemagne, tandis que les chl. magnésiques dominaient chez nous ainsi que le sel. Ces généralisations ne reposant que sur quelques exemples n'ont pas force de loi. D'autre part, le besoin de conclure d'un coup d'œil rapide, a fait oublier que le sel est plus abondant ou plus rare suivant la durée de l'ébullition.

Quant à la vertu sédative des sels terreux, elle n'est pas sans conteste et, d'ailleurs, il reste assez de sel pour irriter la peau.

du Nord par la montagne et les bois. Climat assez doux. — Saison de mai à octobre.

Les sources sortent des quartzites durs.

Elles sont anciennement connues, découvertes, dit-on, par un berger. L'ancien bain compte deux siècles.

L'eau sans gaz est fade; temp. 28 32°, débit abondant. Nous avons les analyses de Frésénius et de Buignet qui nous donnent 0,24 de chl. de sodium sur 0,33. C'est une eau potable dont boivent les gens du pays. — Acratotherme comme Badenweiler, Liebenzell.

Il y a trois maisons de bains munies d'une cinquantaine de cabinets assez grands et de piscines entre autres celle de l'Electeur ornée de marbre blanc. Salles d'hydrothérapie. — Lait et molken des chèvres qui broutent les herbes du Taunus. Raisins du Rheingau réputés pour leur saveur. Jus d'herbes. — Eau Schwalbach.

Indications. — L'eau peu digestive est remplacée souvent par d'autres eaux transportées. — Les bains jouissent d'une vieille renommée : Hufeland proclame leurs vertus sédatives et les auteurs exagèrent leurs propriétés onctueuses.

Spécialité : les névroses et les maladies des femmes. La faiblesse irritable, neurasthénie, hystérie protéiforme, hypocondrie avec douleurs viscérales ; chorée des jeunes sujets. Il ne faut pas des névralgies trop anciennes ; hyperesthésies de la peau et exanthèmes irritables qu'aggraverait un liquide plus minéralisé.

Seegen et Braun ont appliqué le nom de Bain des dames, *Frauenbad*. Troubles menstruels, névralgies utérines et pelviennes.

En seconde ligne le rhumatisme nerveux comme à

Plombières et à Bains, la gastralgie et l'entéralgie. — Les ataxiques sont soulagés.

Nachkur après le traitement rigoureux de Kissingen, de Marienbad. Je tiens de J. Braun qu'il y envoyait des malades trop excités par Rehme.

Schlangenbad prend donc thérapeutiquement sa place parmi les eaux sédatives à côté de Ragaz et Bigorre. *Unter der sedirenden Wilbæder mit den ersten platz* (Lehmann).

De Schlangenbad à Schwalbach environ une heure de voiture par montées et descentes; à pied, pas beaucoup plus, de sorte que les baigneurs des deux stations en font une promenads passant par Wambach.

SCHWALBACH

Par l'embranchement de Wiesbade 20 kil., par Ettwille 15. De Mayence par Rheingau, trois heures de voiture en un pays riant et fertile.

Bain aristocratique aux deux siècles xviie et xviiie, puis oublié il fut remis en vogue au xixe par les visites des impératrices de Russie et de France.

Ville de 3.000 habitants, toute en longueur d'où le nom de *Langen*. S. Bon aspect des hôtels Kurhauss, Nassau, Métropole et maisons garnies confortables, au voisinage des sources. — En 1865, je voyais sur la Kurliste, fin de saison, 4.000 personnes dont 200 Français, beaucoup d'Anglais et des Russes; en 1875, 5.000, aujourd'hui 6.000. Société toujours choisie. — Curtaxe 10 M.

Dans les parcs des sources, de belles allées rendent la

promenade agréable. — Aux environs *Paulinenberg*, *Adolpseck*, *Hohenstein*, ruine imposante du xii° siècle ; château de la Platte, rendez-vous de chasse à deux heures de voiture, d'où se voit le panorama du Rhin, Wiesbade, Mayence, Manheim.

Climat. — Sur la pente N.-O. du Taunus exposée aux vents O.-S.-O., la vallée est moins protégée que l'autre versant. — Lat. 50°, alt. 300 mètres. Moyenne annuelle 7°, été 16, saison mai-octobre, 14° ; hauteur de pluie 700 millimètres. Les soirées étaient un peu fraîches fin septembre.

Les ardoises tégulaires bleues de la grauwæcke sont semblables à celles du Nassau. Les sources sont originaires du *Spirifer Sandstein*. Les roches éruptives tertiaires ne sont pas loin ; j'ai trouvé des porphyres à Adolphseck.

Sources. — Les principales sont : *Weinbrunn* près des bains et bouillonnant dans un bassin de pierre. — *Stahlbrunn* dans un autre vallon, séparé par une éminence. — *Paulinen* et *Rosen-brunn* à 1/2 kilom. — *Ehebrunn* délaissé — *Brodel-brunn* et *Linden brunn* ; etc. Les buveurs vont de l'une à l'autre, suivis de la musique.

Ces eaux sont froides, en moyenne 10° ; fortement gazeuses jusqu'à 1 volume 1/2, d'un goût styptique prononcé ; les matières fixes ne dépassent pas 1,50. D'après Frésénius la source la plus forte, Stahl. br., aurait bicarb. ferreux 0,08, mangan. 0,02, moins que Spa ; peu de sulfates, et de chlorures. Je me suis assuré, par l'examen de bouteilles en cave depuis trois ans, que le fer se conservait bien.

Bains. — La maison principale, près de Weinbr., est un bel édifice ayant une centaine de cabinets d'un cube de 20 m. et des baignoires de capacité moyenne. Le liquide arrive, par une pente naturelle en tuyaux pleins, au fond des baignoires ; puis il est chauffé par le procédé de Schwarz ne perdant qu'un tiers de son gaz et de son fer (Frésénius). On trouve aussi des baignoires en ville.

On boit aux deux sources principales le matin, un peu le soir, également aux repas où certains estomacs s'en trouvent mieux. Dose 2-6 verres. Si le gaz congestionne, il est bon de chauffer l'eau ou de recourir à divers coupages. Beaucoup usent de tubes de verre pour préserver les dents. Bains à temp. moyenne de 10 à 30 minutes.

Indications. — Elles sont, sous la dépendance de deux états généraux : anémie du système sanguin, atonie du système nerveux.

Chlorose : les jeunes sujets faisant usage dans le pays, du Weinbr. comme boisson habituelle en sont exempts. Chez les chlorotiques se joignent à la boisson les bains gazeux aussi frais que possible, le régime animal, l'exercice. En quelques semaines reparaissent les couleurs du visage et la vitalité de la peau, les forces musculaires. Souvent la transformation est rapide quand les hémorragies ont été la cause. Si l'anémie est ancienne à la suite d'une mauvaise hygiène prolongée, la saison se prolongera et le séjour sur les hauteurs ventilées deviendra un complément. De même à la suite des fièvres graves.

L'atonie nerveuse est le principe d'un assez grand nombre de névroses : hystérie, chorée, tremblements, spasmes, etc. Au point de vue physiologique, c'est la stimulation, mais la sédation thérapeutique. Ce fait n'est pas rare en clinique thermale. — Le gaz est un modérateur des névralgies. — Après les névralgies viennent les faiblesses musculaires et les paralysies idiopathiques.

Des indications précédentes découlent celles relatives aux maladies des femmes (c'est un autre *frauenbad*) : troubles menstruels, *fluor albus*, catarrhes, engorgements ; tendance à la ménorrhagie, aux avortements. Enfin la stérilité dont la source des époux, Ehebrunn, fut longtemps le remède. Frickhœfer a posé des règles prudentes à l'occasion des congestions et pertes utérines.

J'ai vu un succès complet chez une dame russe affectée d'un polype utérin ; il n'en est pas toujours ainsi.

L'opportunité de la cure se présente dans certaines dyspepsies et gastralgies, sous la dépendance de l'anémie. Je laisse de côté un certain nombre de maladies qui encombrent un peu trop la clinique de Schwalbach.

Contre-indication dans les états congestifs, les lésions du cœur confirmées, les tubercules sauf quelques exceptions où le médecin traitant appréciera.

Schwalbach est donc une eau ferrugineuse-gazeuse-bicarbonatée du premier ordre par sa richesse en fer, son peu d'éléments salins, ses applications déterminées. Elle se place à côté de Spa. En France nous n'avons rien d'aussi complet.

VALLÉES DE LA LAHN ET DE L'AHR

Nous rapprochons ces deux régions l'une de l'autre parce qu'elles ont été le théâtre de grands phénomènes éruptifs et l'origine de sources de même nature.

EMS

Hesse-Nassau. — A vingt minutes, du Rhin par la voie ferrée, 12 kil. d'Oberlahnstein.

Situation privilégiée : au voisinage des grandes villes des bords du Rhin ; à portée du Nord de l'Allemagne, de la Belgique, de la Hollande, de la France et de l'Angleterre. Connue dès longtemps des étrangers. Il en est question dans les auteurs du xvi siècle.

Petite ville de 6.000 h., des plus coquettes ; bien assise sur les deux rives d'une grande rivière aux allures paisibles, ses maisons blanches perdues dans la verdure. Des ponts qui relient ces deux parties le coup d'œil et charmant : sur la rive droite est le Kursaal souvenir des jeux, style italien, grand salon à colonnes ; une galerie de fer de 120 m. de long le relie au Kurhauss, galerie construite par l'initiative du Kaiser Guillaume, un des fidèles de la station. Grands hôtels Kurhauss, Angleterre, Quatre-Saisons, etc. ; les maisons garnies confortables. Du Kurhauss aux Quatre-Tours, c'est une série de petits jardins et de pelouses. Le parc s'étend aussi sur la rive gauche, plus peuplée aujourd'hui.

Le panorama de la ville et du pays est saisissant du

haut de la tour du *Mahlberg*, alt. 250 m. une heure à pied et mieux le funiculaire (1).

De 1875 à 80 il y eut sur la liste environ 12.000 inscrits ; ce chiffre a plus que doublé. Les Français qui y venaient en bon nombre étaient plus rares après 1870 ; ils y reviennent. Les Anglais toujours en nombre. De tout temps les touristes en septembre.

Climat. — La vallée, bien ouverte, est dirigée O.O.N.-E.E.S. Au Nord se dresse le *Badeberg*, au S.-Ouest le Mahlberg. Il en a été question comme point de vue ; la tour *Concordia* est encore un point d'observation d'où se voient les débouchés des vallées latérales et les courbes de la rivière. De là une ventilation qui rafraîchit l'été ; au printemps règne le vent d'est ; en automne, le brouillard du matin. Le 6 septembre à 8 heures, la ville était dans la brume et le ciel clair 150 m. plus haut. A ce moment tombait l'humidité au coucher du soleil et nos vêtements en étaient imprégnés. En été, le soleil éclaire la vallée tout le jour.

Lat. au-dessus du 50° ; alt. 80 m., la pente vers le

---

(1) Les environs sont connus des touristes. Je recommande *Lindenbach, Kemmenau, Nassau*, etc.

Ems est un centre d'excursions sur les bords du Rhin ; les bateaux et les trains bien combinés donnent au baigneur toute facilité.

Par Rüdesheim (excellent vin) montée au *Niederwald*, deux heures à pied ; promenade en forêt sur les plateaux ; belle vue du *Rossel* sur le Rhin et la Nahe ; descente à *Asmanhausen*, source tiède et petit bain. De Bingen à Mayence, le fleuve est large et la plaine fertile ; on aperçoit le *Johannisberg*.

Après Bingen, le fleuve se rétrécit et coule à travers les écueils *Bingerloch* et plus loin *Lurleï*. Les vieux châteaux de *Rheinstein, Rheinfeld* près S. Goar, *Marxburg Lahneck* et *Stolzenfels* près l'embouchure de la Lahn ajoutent à la sauvagerie du paysage. Après Coblentz, le Rhin se rétrécit encore à Andernach.

Rhin très faible. Moyenne 9-10°; été 18 et maximum jusqu'à 37. — Pluie 700 m.m. Mon observation de septembre m'a donné : oscill. barom. 13 m.m., temp. max. 25, min. 7 ; humidité moyenne 70. —Il faut tenir compte de la nappe thermale. La galerie du Kessel au Kurhauss est précieuse dans les temps frais. J'ai trouvé souvent 5 à 6° de plus qu'au dehors. — Le marché aux fruits abonde en prunes, pêches, raisins.

Sol. — Il serait hors de propos de reproduire ici mes longues études géologiques sur le terrain si bouleversé. Je renvoie aux travaux de Sandberger, de Dechen, aux beaux spécimens des musées de Bonn, de Schaumburg; à la brochure du Dr Döring avec lequel j'ai discuté la fameuse question d'origine des eaux dans les roches encaissantes et l'alimentation par les pluies coulant le long des strates inclinées. Au point de vue physique la théorie allemande est discutable, en chimie peu probante. Je tiens pour l'origine profonde dont les sources d'Ems portent le caractère.

Nous sommes dans l'*Unterdevon* : Grauwæcke rhénane, *Spirifer Sandstein* et *Wissenbaeh-Schiefer*. — Les roches éruptives abondent : la chapelle d'*Oelberg* est en pierres volcaniques. Les cônes trachytiques d'*Arzbach* se dressant dans la vallée à l'instar de la roche Vendeix à la Bourboule; les colonnes basaltiques des environs de Nassau, les basaltes en nappes de *Dielkopf* et de *Kemmenau*, etc. — En outre, les filons d'argent de la fonderie, orientés N. N.-E.-S. S.-O., dont l'ingénieur Herget a fait l'étude ; les filons de nickel, de cuivre, arsenic.

Le long du Rhin se dressent les masses basaltiques : à Linz au rocher d'*Eperlei*, à *Rolanseck*. Aux *Siebengebirge* se dressent les cônes trachytiques. De l'autre côté, dans la vallée de l'Ahr, nous trouverons en plus les volcans modernes.

Ces éruptions, si analogues à celles d'Auvergne, sont en rapport avec les eaux alcalines.

Sources. — Celles de la rive droite naissent du Spirifer Sandstein pentes S. E. du Bädeberg. — Les trois anciennes, voisines l'une de l'autre sous la galerie de pierre du Kurhauss, coulent par des robinets dans des niches de marbre. Elles sont chaudes ; *Kessel* 46°, *Fürsten* 39°, *Kranchen* 36° ; débit, une centaine de mètres cubes dont le Kessel fournit le plus. Les variations de température et de débit paraissent sous l'influence de la Lahn.

Les nouvelles sources sont un peu plus loin à l'hôtel de Nassau, découvertes il y a 50 ans en creusant une cave : *Wilhelm*, température 40°, débit 75 mètres cubes, *Augusta* 39°, *Victoria* 28°. Wilhelm sort des schistes alunés de la grauwæcke par des fissures perpendiculaires à la stratification. Victoria s'exporte en France.

Rive gauche. — La source nouvelle datant de 1850 : température 47°,5 ; débit, 2.000 mètres cubes au moins ; j'ai constaté qu'une forte pompe ne faisait pas varier le niveau. — *Römerquelle*, température 44°,5. — Ensuite les jets gazeux de la Lahn qui cessent en pompant fortement ; d'où la preuve d'un bassin commun.

D'après l'analyse faite sur place par Frésénius, le gaz CO^2 dépasse 1/2 volume ; sur 3,5 de sels : bicarb. sodique 2 et chl. sodique 1 ; sels terreux 0,50 ; peu de sulfates, peu de fer.

Le sel d'Ems, en cristaux prismatiques dissous dans l'eau m'a donné une forte réaction alcaline et un précipité net par l'antimoniate KO ; presque rien par Chl.

baryum acide. Avec ce sel, belle flamme jaune au chalumeau.

Ces eaux méritent donc le nom *Alkalische muriatische*, alcalines mixtes de Pétrequin.

Bains. — Ems dispose d'environ 200 cabinets de bains, en général grands jusqu'à 40 mètres cubes. Je citerai : l'ancien *Kurhauss* si commode pour les baigneurs qui y logent et qui peuvent se promener dans les grands couloirs voûtés dont l'air est tiédi par l'eau thermale. — Là se trouvent les quatre cabinets de la célèbre *Bubenquelle* qui a fourni à la patrie tant de petits citoyens. — Bonne installation à l'hôtel Nassau.

Le *Neuebadhauss* est un bel édifice à quatre pavillons, disposant de 50 cabinets à grandes baignoires avec salons, sophas, toilettes. L'eau venant d'un réservoir supérieur est trouble, ce qui n'a rien de surprenant. — Ensuite la maison des Quatre-Tours qui se détache bien dans le parc. Le *Romerbad*, propriété privée, n'a que 18 cabinets, mais d'une grande élégance. La source du même nom l'alimente.

Les anciennes salles d'inhalation d'eau pulvérisée arrivant de 35 à 40°, avaient leur vogue ; les nouvelles sont mieux. Aussi le *Wassmuth* — cabinets de douches, de gargarismes. Il y a vingt ans le Dr Lange me faisait expérimenter ses cylindres à air comprimé. Le Molken est moins en vogue.

Deux hôpitaux dont le vieil *Armenbad* près le Kurhauss.

Traitement. — La dose à boire, 2-6 verres de 6 onces. Victoria passe pour digestive, le Kränchen béchique, Kessel constipant ; les urines plus copieuses, plus claires, neutres.

D'après mon expérience personnelle : 8 jours de

boisson, 4 verres de Kränchen et 2 de Victoria, les urines ont été plus abondantes, de faible densité, neutres, un peu alcalines ; 15 jours de boisson et de bains ont produit en outre des sueurs asssez copieuses. — En 1853, Spengler obtenait, par les bains seuls, des urines neutres.

La durée des bains n'excède pas une heure. Les baignoires du Nassau reçoivent de l'eau plus gazeuse et les bulles se déposent sur la peau. Les réactions sont modérées et le résultat est un peu de lassitude. Le régime peu rigoureux.

Indications. — Je prends pour guides Vögler, Döring, Guttentag et Danjoy (Annales d'hydrologie). Les auteurs donnent trop de valeur au Chl. de sodium.

La spécialité s'adresse aux voies aériennes et à l'utérus. Les laryngites et les bronchites, que nous traitons plus volontiers aux eaux sulfureuses, constituent une bonne partie de la clientèle. Peu de bains, coupage avec le lait, procédé que j'ai souvent conseillé pour l'eau transportée. Les inhalations que j'ai trouvées très douces, diminuent l'enrouement, la dyspnée et facilitent les crachats plus fluides. Malheureusement les catarrheux du Nord, ravis à la fin de la saison, perdent l'hiver de ce bénéfice.

Depuis la visite de l'impératrice russe, Ems s'était acquis un renom contre la tuberculose ; quelques guérisons de pneumonie chronique étaient venues à l'appui. En 1858 Becquerel fit un mémoire *ad hoc*. Les médecins actuels ne veulent plus de phtisiques, à part la forme catarrhale à marche lente (Golz). De plus ils redoutent les chaleurs de l'été, les vents du printemps, les brouillards d'automne.

Les maladies de femmes sont nombreuses : Scanzoni envoyait des cas d'exsudats post-puerpéraux, Bourdon et Becquerel parlent des métrites dans nos annales. Bains plus longs autrefois; injections avec des jets très fins (Geissé). La Bubenque a rendu peu de femmes fécondes et a produit des accidents.

Ems, considéré comme un diminutif de Vichy, s'applique aux dyspepsies, gastralgies ; dans ce dernier cas, Doring recommandait Victoria aux lithiases biliaires et rénales. J'ai vu quelques malades de ce genre boire, sous la galerie, de l'eau de Vichy transportée.

Indications secondaires : la goutte, le rhumatisme, les éruptions cutanées.

En 1878 j'ai essayé le parallèle d'Ems et Royat (Annales). Ems, plus ancien, avait déjà une belle installation quand Royat débutait. Royat à 450 mètres a un air plus vif. Roches éruptives analogues. Le Kessel dépasse de 10° la source Eugénie ; celle-ci beaucoup plus gazeuse. Royat a moins de sel alcalin, plus de potasse, plus de sels terreux, plus de fer. Il agit sur les muqueuses digestives avec plus d'énergie, Ems sur les muqueuses respiratoires avec plus de douceur. Cela n'empêche pas les analogies.

La vallée de Nassau nous offre quelques stations de second ordre, mais intéressantes (1).

(1) La route et le chemin de fer suivent les courbes de la Lahn, vallée pleine d'arbres fruitiers, de vignes et de noyers entre des montagnes de 200 à 300 mètres. Les toits de la ville de Nassau sont couverts d'ardoises du pays, le vieux château sur la hauteur. En face du château est le *Kaltwasser Anstatt* fondé par Runge, pour une centaine de malades : en bas les baignoires, au premier l'hydrothérapie, les étuves, les bains

Fachingen. — Station du chemin de fer du Nassau, rive gauche de la Lahn. — La source sort de la grauwæcke au voisinage des porphyres, elle est en contre-bas dans une rotonde. Le puits, isolé par une digue, subit l'influence des crues de la rivière. L'eau, gazeuse, marquait 11°5 à mon thermomètre, le 12 septembre; débit faible. D'après Bischoff et Frésénius, il y a CO_2 un volume; sur 5,20 de sels, bicarbonate sodique 3,6, bicarbonate terreux 1,2, chlorure de sodium 0,6. C'est donc une eau alcaline assez minéralisée. — Le puisage se fait au moyen d'un panier métallique et les bouteilles s'exportent par millions. — Pas assez d'eau pour créer une ville balnéaire.

Geilnau. — Entre les stations de Laurenburg et Balduinstein, au bord de la Lahn — température 10°, débit faible. Richesse alcaline moindre. — Exportation diminuée.

Selters. — Station de Limburg; de là 1 h.30 de voiture. Vallée N. O.-S. E. pittoresque, rochers, pente nord du Taunus. Le basalte apparaît en nappes à *Oberbrechen* et la route est bordée de colonnes pentagonales. — Altitude au-dessus d'Ems, 160 mètres. — Le village est dans un fond. Il n'y a que des bâtiments d'exploitation *Oberverwaltung*, propriété de l'État.

La source s'abrite sous un grand pavillon; on y descend par des marches. Elle bouillonne sous un toit de verre, captée dans un encaissement de chêne, revêtement de marbre. — Les cruchons et bouteilles, rincés et mis à l'épreuve 24 heures, sont bouchés après que l'embout a marqué la place du bouchon; 8 robinets

résineux, l'électricité. Il y a un gymnase. Le principal repas à une heure et le soir souper au lait. Bonnes chambres, pension et traitement 8-10 m.

coulent vivement. Étiquettes aux armes de Prusse. — L'exportation, aujourd'hui nulle en France, est considérable en Amérique. Au total 4 millions.

L'eau est claire, piquante, salée, facile à boire. — En septembre mon thermomètre marquait 15°,5 ; densité 1003. Le chlorure de baryum troublait à peine, le nitrate d'argent précipitait fortement ; l'oxal. d'ammoniaque et le phosphate double notablement. Les anciennes analyses de Bischoff, Struve, Caventou diffèrent peu de celle de Frésénius 1863 : CO^2 1.200 centimètres cubes ; sur 4,4 de sels, bicarbonate soude 1,25, bicarbonate terreux 0,75, chlorure sodium 2,3. C'est donc une alcaline mixte et non pas une simple gazeuse.

Selz jouit d'une ancienne réputation : Hoffmann et Hufeland la préconisaient dans les catarrhes stomacaux et bronchitiques, Cullen dans les fièvres.

En descendant le Rhin, après le beau pont et l'imposante forteresse de Coblentz le fleuve se rétrécit encore et reprend son aspect sauvage. Sur la gauche, au niveau d'Andernach, est la région éruptive de l'Eifel bien étudiée par Dechen, Kayser et tant d'autres. Le sol dévonien est constitué par des schistes, quartzites, grauwæcke, traversés par des laves. Les cônes volcaniques, moins nets que ceux d'Auvergne, ont amené au jour les mêmes produits : scories, tufs trachytiques, ponce ; moffettes dans des grottes innombrables, lacs remplis ou desséchés. Le Laach dit *Laachersee* a 8 kilomètres de tour. Analogie frappante avec les éruptions et les lacs de l'Auvergne et de l'Italie centrale, même époque pliocène et post-pliocène.

La vallée de Brohl est encore un terrain de géologues ; une des routes les plus suivies est celle de

Dann à Géroldstein. L'attention se fixe sur les hautes terrasses de Strass; les tufs d'une puissance de 15-30 mètres fournissent un excellent mortier. Là est la source gazeuse de *Tœnnistein* pour l'exportation.

Neuenahr. — Province Rhénane, sur la ligne Remagen-Köln. Vallée Ahr.

Station assez nouvelle qui a fait un certain bruit en Allemagne. — Installation bonne : grand hôtel Kurhauss, parc. On parle de 12.000 visiteurs. — Cur-taxe 20 M.

Lat. 50°, alt. environ 100 mètres. La vallée O.-E. ne reçoit pas les vents froids. Le terrain volcanique est sec et absorbe vite la pluie ; peu de bois aux environs pour entretenir l'humidité, d'où résulte avec Ems une différence notable. L'été, 18-19°, a ses jours de fortes et pénibles chaleurs. En somme, le climat est sain. — Saison de mai à octobre. — L'eau potable, conduite il y a peu d'années, est assez pure trouvant dans ce terrain des conditions de filtrage.

Les sources proviennent de forages déjà conseillés par Bischoff ; plusieurs jaillissent. Le *Grosser sprudel* a 40°, le *Kleiner* 18°. D'après Mohr : 1/2 volume de gaz ; sur 2 grammes de sels près de un de bic. sodique et un peu moins de sels terreux.

Le débit, près de 1.000 mètres cubes, suffit à tous les besoins : boisson 3-4 verres à jeun et aux repas. Plusieurs maisons de bains, la nouvelle disposant d'une centaine de cabinets. Inhalation d'eau pulvérisée à la manière d'Ems ; gargarismes. Ensuite les autres médications habituelles.

Les indications des eaux alcalines légères se trouvent ici naturellement : dyspepsies et gastralgies, diarrhées des pays chauds, clientèle des Hollandais des colonies.

Lithiase biliaire et urinaire.—Diathèse urique, goutte, glucosurie. — Catarrhes, bronchiques, mais point de tuberculose.

Apollinaris. — Dans la vallée de l'Ahr, près de Remagen ; l'église sur la hauteur. — Cette source bonne, mais trop vantée, sort de la grauwæcke non loin des mamelons basaltiques — température 20°, très gazeuse, agréable. Il est question d'une exportation de vingt millions de bouteilles ; je ne garantis pas le chiffre ; toujours est-il qu'elle figure partout sur les tables.

Au pied des sept montagnes est *Honnef* pour cure d'air.

Bertrick. — Sur la ligne Coblentz-Trèves, au pied de l'Eifel, reçoit 1.800 personnes. — Célèbre par la grotte basaltique des fromages, — température 33°, peu gazeuse. Près de 1 gramme de sulfate de soude ; appelée *Schwaches Carlsbad*.

AACHEN (Aix-la-Chapelle).

Prusse Rhénane — sur la ligne Köln-Berlin — accès facile d'Allemagne, France du Nord, Belgique, Angleterre.

Grande ville dont la population, doublée en 25 ans, atteint plus de 120.000 habitants. — Grands hôtels : Monarque, *Nuellen* chers ; Impérial, Bellevue, etc., salons, restaurant du Kurhauss ; théâtres, musée, bibliothèques. — La ville nouvelle s'ouvre par de grandes voies ; dans l'ancienne les rues sont tortueuses ; sur la place du marché se dresse la statue de Ch. Magne.

Prospérité croissante : en 1875 la curliste portait

20.000 p. ; aujourd'hui le nombre est plus que doublé — Curtaxe 12 M. (1).

S'il est vrai qu'Aix offre les ressources d'une grande ville, elle en a les inconvénients et, de plus, ceux d'une cité industrielle. Peu d'ombrages et peu de promenades aux environs. Le Louisberg, à 260 mètres où l'on monte au restaurant en 20 minutes, permet une vue d'ensemble.

Climat. — C'est une plaine entourée de quelques collines de 2-300 mètres ; le Louisberg abrite du nord. — Lat. 51° celle de Bruxelles ; alt. 170 mètres. — Moyenne 10°9 d'après Lersch ; été 17°, hiver 1-2°, mais 3-4° au centre, près des sources. Vents S. et S.-O. ; pluies rares l'hiver, hauteur totale 700 millim. L'emplacement, formant un peu cuvette, les vapeurs des sources entretiennent une chaleur humide qui tempère la saison d'hiver. Aussi la saison dure toute l'année, les hôtels sont installés à cet effet et les distractions continuent de même qu'à Wiesbade. Déjà en 1867 Reumont en parlait.

Terrain dévonien et carbonifère, au milieu des

(1) Lersch a publié l'histoire d'Aix, *Aquis Grani* des Romains; restes de *Granus thurm*, on trouve dans les bains anciens des traces du culte d'*Apollo Granus*. Substructions de thermes romains, étuves, hypocauste, conduits en poterie, quelques monnaies à l'effigie de Néron.
Ch. Magne fut le restaurateur des sources perdues. La cathédrale byzantine renferme son tombeau sous le dôme octogone aux colonnes de marbres anciens, qui m'a rappelé San-Vitale de Ravenne. Des fresques retracent la vie du grand empereur. Encore le grand lustre de cuivre de Barberousse, les portes de bronze, les vitraux des grandes fenêtres, le trésor.
La ville fut en partie détruite par les deux incendies du xiv° et du xvii° siècle. — Pierre le Grand visita les sources. Les Français y soignèrent leurs blessés à la guerre de Sept ans et à la Révolution. Parmi les clients on compte Joséphine, Pauline Borghèse, la reine Hortense, Louis roi de Hollande.

grandes régions houillères, calcaires, schistes dévoniens, grauwæcke; couches de charbon. Le sol est sableux ; le mont Louisberg est un amas de sables.

Sources. — Elles forment deux groupes : d'Aix et de Bordette qui en est un faubourg ; toutes semblent alignées N. E.-S. O. Les premières appartiennent à la ville.

Les eaux de Borcette sont les plus chaudes de l'Allemagne. J'ai trouvé 70° au *Kochbrun* en compagnie de Lersch ; et au bassin fumant où cuisent les œufs 75°, chiffre de Carlsbad. Les plus chaudes d'Aix dites *Oberen* sont le *Kaiser* 55°, le *Quirinus* 50°, etc. ; les moins chaudes *Rosen* 47°, *Cornélius* 45°. Leur débit, environ 2.000 mètres cubes, est dépassé par Borcette.

La buvette principale est celle de l'Elise dérivée du Kaiser sous une belle colonnade où se prend le café ; derrière est le jardin. L'eau coule dans une rotonde où descendent des marches ; j'ai trouvé 50°. La couleur est un peu jaunâtre, le goût peu net et l'odeur sulfureuse fugace ; la réaction faible au papier de plomb.

D'après Liebig : CO^2 1/4 de volume ; sulfure de sodium 0,013. Sels 4 grammes dont Cl. sodium 2,6 ; Carb. de soude 0,6, peu de sels terreux. C'est donc une hyperthermale, un peu salée, peu sulfureuse. Elle se rapproche des thermales simples.

Bains. — Ils sont nombreux : le *Kaiserbad*, peut-être le plus élégant, possède 2 piscines et plus de 100 cabinets, la plupart munis de douches ; puis le *Reizbad*, le *Neubad*. Douches et massage à la méthode d'Aix-en-Savoie ; inhalations, bains de vapeur et d'air sec ; bains électriques, gymnase Sander, en un mot l'attirail complet des stations en vogue. — Borcette compte plus de cabinets, quelques-uns étroits. Enfin le lait et le molken. — Plusieurs hôpitaux [pour indigents.

L'exportation s'élève à plusieurs millions de bouteilles qu'on charge de gaz, ce qui en modifie la nature. — Le procédé de refroidissement sur des fascines altère notablement le liquide ; y mêler de l'eau froide l'altérerait aussi.

Indications. — Autrefois c'était le rhumatisme, la goutte et les exsudats arthritiques ; les paralysies et quelques formes d'atrophie musculaire ; les catarrhes des muqueuses aériennes ; les maladies de peau, les intoxications métalliques.

La spécialité d'Aachen est aujourd'hui la syphilis ; elle entrerait pour plus de moitié dans la clinique thermale.

L'emploi des sulfureux remonte à Massa et Fracastor ; appliqués aux maladies de la peau, ils étaient naturellement indiqués dans les syphilides. Parmi les auteurs modernes partisans de cette médication, nous citerons *Sigmund*, *Güntz*, *Virchow*, Ricord, Bazin, Hardy, etc., plus tard Lancereaux. — Des observations nombreuses furent recueillies aux eaux sulfureuses : Baden (Argovie), Baden (Wien), Pystian, Mehadia, Piatigorsk (Caucase) ; en Espagne, Caratraca et surtout Archena qui reçut en 1900 plus de 3.000 vénériens. En France, Luchon, Cauterets, Ax et Aulus qui eut sa vogue. Nos Annales d'hydrologie ont reproduit les discussions où Lambron et Lebret prirent une part si active. — Aux bains allemands j'ai vu beaucoup de ces malades, par exemple à Baden, Kreuznach, Nenndorf.

Revenons à Aachen où Reumont nous servira de guide : posant en principe que l'eau sulfureuse n'est point un spécifique (c'est l'avis de presque tous les auteurs), bien qu'elle ait produit, seule, quelques guérisons, il analyse avec soin les diverses applications du traitement combiné.

Le traitement mixte, usité partout en Allemagne, consiste dans l'emploi des eaux, des bains sulfureux, des bains de vapeur sulfureuse en caisse ; en y joignant le mercure, l'iodure alcalin, la salsepareille ; j'ai parlé de la décoction de Zittmann à Kreuznach. Les onctions d'onguent napolitain peuvent être portées à la dose de 20 grammes, sans qu'il y ait salivation incommode, gingivite ulcéreuse, etc. L'élimination du mercure paraît favorisée, en sorte qu'il opère sans trop de ravages. De là découle la médication contre le mercurialisme si fréquent chez les vénériens. La théorie, toujours là pour expliquer, suppose l'élimination des albuminates de mercure rendus solubles ; l'expérience clinique avant tout.

Tout a été dit sur la cure d'épreuve ou pierre de touche, il y a aussi la cure préparatoire à l'emploi des spécifiques ; ensuite le diagnostic avec l'intoxication mercurielle et l'herpétisme par la réapparition de symptômes caractéristiques ; diagnostic assez délicat.

Le traitement se fait à toutes les périodes sauf les accidents récents, ou la cachexie, ou l'épuisement par abus du mercure. La durée varie selon l'ancienneté et la ténacité du mal, selon les tissus affectés, quelques semaines ou plusieurs mois. Par exemple, les plaques muqueuses, la syphilis nasale ou buccale peuvent céder assez vite, tandis que les plaques opalines de Fournier persistent. Les cas de syphilis viscérale, par exemple hépatite gommeuse, sont plus nombreux qu'autrefois.

L'importance de cette cure nous a fait insister sur la pratique d'Aachen. Au premier abord, on se demande comment une ville du Nord a pu attirer un si grand nombre de ces malades qui ont besoin de chaleur et d'un ciel plus doux. Le climat d'Espagne et celui des Pyrénées répondaient assez bien à ce besoin ; mais une ville prussienne au 51°! Tout va s'expliquer en songeant que l'été est chaud dans le pays rhénan et que les hôtels sont disposés pour que les malades jouissent en toute saison d'un bon climat artificiel.

Une autre question s'élève : faut-il tout rapporter à l'agent sulfureux quand la proportion est si faible, et ne faut-il pas tenir grand compte de la thermalité et des bains de vapeur adjuvants de la cure antisyphilitique ?

BAINS DU NORD

Sur la ligne Main-Weser de Francfort à Cassel, station de Wabern, un embranchement de 17 kilomètres conduit à

Wildungen. — Principauté de W. Pyrmont ; petite ville de 3.000 âmes qu'une société de jeux avait embellie. Bain ancien prôné par Hufeland. — Bons hôtels et promenades soignées. — La liste portait en 1872, après les jeux, 1.500 Kurgäste ; actuellement près de 6.000. — Curtaxe 12 M. L'exportation des bouteilles dépasse un million.

Climat frais et humide au milieu de hauteurs boisées de 5-600 m. — Lat. vers le 51°, alt. 230 m. Variations atmosphériques. — Saison jusqu'au 15 octobre. Essais d'une cure d'hiver.

Nous retrouvons les schistes dévoniens *grünstein*. — Les sources nombreuses varient de 10-12°, débit moyen. D'après Frésénius, la quantité d'éléments varie de 2-7 grammes, sels terreux dominant les sels alcalins; gaz CO^2, 1.300 c. cubes. — Ce sont des eaux terreuses *erdige quellen*. En outre, une source martiale.

V. *Georg-quelle*, la plus faible, est la plus fréquentée par les buveurs ; elle est très diurétique. Les bains se réchauffent à l'eau chaude comme à Vichy,

Spécialité très accusée pour les voies urinaires : gravelle, catarrhes, pyélites, engorgements de la prostate. Le traitement chirurgical est pratiqué sur une grande échelle par des spécialistes. En second rang les voies digestives; puis l'anémie. C'est un Contrexéville gazeux.

PYRMONT (Westphalie)

Sur la grande ligne Köln à Berlin par l'embranchement d'Altenbecken. A 2 kilomètres de la station.

Bain d'origine romaine démontrée par les monnaies trouvées dans les sources ; bien connu de l'aristocratie française au xviiie siècle. J. Braun déplorait sa décadence, mais à tort. La suppression des jeux n'a pas arrêté le développement; en 1874 il y eut 12.000 inscrits, actuellement 15.000.

La ville se présente bien avec sa grande rue, boulevard planté d'arbres, où sont les grands hôtels et les maisons garnies. Je conserve un bon souvenir du *Grosses bad hôtel* et de la bière de Dortmund.

L'étranger admire les gros marronniers du parc et l'allée de tilleuls de 500 mètres de long datant de plus de 200 ans. La population est avenante. J'ai eu la bonne fortune de passer plusieurs jours en relation constante avec Valentiner, une des gloires de l'hydrologie, et je vois encore la bonne figure de Lyncker fumant sa pipe à sa consultation.

Climat. — La ville, petite et bien aérée, dans la vallée de l'Emmer, E.-O., est à 120 mètres d'altitude, entourée de collines de 300 mètres. Lat. 52°, ce qui correspond à une saison fraîche l'été et froide l'hiver ; il y avait en juillet des journées chaudes. Les fontaines me donnaient 12°, c'est-à-dire plusieurs au-dessus de la moyenne. — Saison, mai-octobre.

Sur les coteaux c'est le M. Kalk, dans le bas le Buntersandstein friable, d'où la poussière ocreuse des routes. Les roches éruptives sont à une certaine distance. Au nord, à 1 kilomètre est la grotte de gaz carbonique analogue à celles de Royat et de Naples.

Sources. — Elles forment deux groupes, les ferrugineuses et les salées. Les premières sont dans la partie haute de la ville au pied de la montagne.

Le *Stahl.brun*, *Fons sacer* des anciens, *Hyllige Born*, est sous un pavillon à colonnes, dans un bassin de marbre. La trinkhalle a 75 mètres de long. Les buveurs vont se promener dans la grande allée à l'ombre des vieux tilleuls.

L'eau bouillonne vivement d'un goût piquant, styptique d'un arrière-goût séléniteux, temp. 12°. — D'après Frésénius, 2,7 grammes de principes salins terreux ; bicarbonate ferreux 0,08 ; CO^2 libre 1.270 centimètres cubes. — Je me suis assuré que l'eau précipite nettement par l'alcool, ce qui s'explique par l'abondance des sels calcaires. Cette constitution fait l'objet de critiques relevées par Helfft et Valentiner. Le bouchage s'opère par la méthode Wiggers, sous l'eau, en remplissant le vide de gaz. J'ai vérifié la conservation du fer, en grande partie, après quelques années de cave.

Le *Brodel* bouillonne bruyamment sous un vitrage, encore un peu plus gazeux. *Helenen* est plus douce à boire. Ces deux sources, ayant un débit de 400 mètres cubes, sont employées pour bains.

Le Badhauss, à l'entrée du parc, dispose de 68 cabinets, cube 40 mètres, des deux côtés d'un vaste couloir. Les bains se chauffent par la méthode Schwarz de 25 à 32°; durée 10-30 minutes. Dans mon bain, le gaz pétillait et la peau se couvrait de bulles.

Les sources salées occupent la prairie basse : *Salzquelle*, température 11°, densité 1009 sur place; sels 11 dont 3 de sels terreux. *Badequelle*; Badhauss, contenant 40 cabinets. Un forage de 240 mètres a fait jaillir la source nouvelle à 17° et 30 à 40 grammes de sels. A 3 mètres coule une fontaine d'eau potable. — Il y a d'autres maisons de bains, en tout 150 cabinets ; des boues ferrugineuses.

Ici s'observent les effets bien connus du gaz par la boisson et la balnéation.

Indications. — Elles correspondent aux deux classes d'eaux. De même qu'à Schwalbach, les femmes sont en majorité et les teints pâles dominent.

Valentiner, qui fut la grande autorité à Pyrmont, nous dit que l'eau martiale en boisson s'adresse à la chlorose, à l'anémie franche, à la débilité suite d'hémorragies; que les bains guérissent les névroses. Il réclame les paralysies hystériques, celles qui suivent les fièvres graves, la diphtérie ; ensuite les maladies utérines ; en un mot, c'est un autre Schwalbach.

Les sources salées représentent une médication à

part dont celles du Taunus nous ont fait connaître les vertus curatives. L'association des deux agents trouve souvent son opportunité.

Driburg. — Westphalie. A 7 ou 8 kilomètres d'Altenbecken. Après un long tunnel, on arrive à une grande allée qui conduit au village. Il y a 25 ans, 2.000 visiteurs étaient inscrits ; le nombre a peu augmenté. — Curtaxe 12 M.

La vallée N.-S., assez large, reçoit l'air des bois du *Teutobürgerwald*. Lat. 52°, alt. 220 mètres, climat du Nord. — Saison, 15 mai au 30 septembre.

Parmi les sources anciennes et nouvelles, prenons pour type la *Trinkquelle*, enfoncée dans un bassin de pierre où elle bouillonne vivement. Le goût en est piquant, atramentaire, puis séléniteux. Température $10°,5$ et 1003 à mon densimètre. Frésénius a dosé 2,5 grammes de sulfates et de carbonates ; bicarbonate ferreux 0,07, ce qui la rapproche de Pyrmont. Les buveurs peuvent faire une promenade de 100 mètres dans la galerie. La dose est d'un litre au plus par jour.

L'ancien Badhauss, assez élégant, a une belle salle d'attente et seulement 24 cabinets cubant environ 30 mètres. Les baignoires contenant plus de 500 litres sont enfoncées dans le sol ; elles s'alimentent par le fond et le chauffage Schwarz s'opère en 5 ou 6 minutes. D'après Wiggers et Wettmann, la perte de gaz et de fer n'est que d'un tiers. — Le nouveau bain s'appelle *K. Wilhelm*.

Le bain de boue dans un hôtel n'a que 5 cabinets ; la boue ferrugineuse est noire, styptique ; souvent les bains ne sont donnés que d'un jour entre autre à cause du gaz.

Mêmes actions et indications qu'à Pyrmont. A la table d'hôte de 60 couverts, il n'y avait que 5 ou 6 hommes.

REHME OYENHAUSEN

Westphalie, *Kreise Minden*. Sur la ligne Köln-Berlin. A deux heures de Hanovre par chemin de fer; à 2 ou 3 lieues de la *Porta Westphalica;* dans la vallée de la Werra, affluent du Weser (1).

Petite ville de 3.000 âmes, qui doit son apparition parmi les bains du nord à *Oyenhausen*, son véritable fondateur; elle ne fut connue en hydrologie que vers 1860, ce qui explique le silence de nos auteurs.

Aujourd'hui la ville thermale, à un kilomètre de l'autre ville, offre un aspect de vie et de gaîté dû à la disposition des hôtels et des maisons de logement autour du parc anglais. Je citerai *Krall, Vogeler* et *Kurhôtel* où les vins de Bordeaux étaient de bon choix; le Kursaal, style italien, en briques revêtues de stuc jaune.

En 1874 la liste n'accusait que 3.000 Kurgæste; en 1900 plus de 10.000, en grande partie allemands du Nord. — Curtaxe 10 M., après trois jours, période trop courte pour une statistique vraie. J'ai eu la bonne fortune de passer quelque temps en compagnie de deux médecins de Rehme, J. Braun et Lehmann, auteurs de traités classiques de balnéologie. J'ajoute que la

(1) Souvenirs de Varus, du Saxon Wittikind dont la résidence était à Enger dans le voisinage et dont le tombeau porte l'inscription *Dux Angrivariorum*. La Porte Westphalique, célèbre dans les expéditions romaines en Germanie, est une magnifique ouverture naturelle entre des escarpements de plus de 100 m., débouchant dans la grande plaine maritime.

population est douce et polie comme à Pyrmont. Ne pas oublier que nous sommes dans le Hanovre.

Climat ; sol. — Les collines du Weser forment terrasse, abri nord en même temps que les forêts. La vallée S.E.-N.O. est un peu humide à cause de la rivière, mais il y tombe peu de pluie. — Lat. 52°; alt. 70 m. — Moyenne 9°, été 17°. L'influence marine se fait un peu sentir et les hivers sont moins durs qu'à Berlin.

Saison : mai à octobre.

Dans la contrée j'ai vu des blocs erratiques, des pointements de Keuper et de M. Kalk ; des murs bâtis en grès bigarré. Il y a des dépôts gypseux, des marnes à pyrites altérées, des schistes noirs liasiques, des phyllades. — Les forages, de 6-700 mètres, ont donné, vers 300 mètres, des marnes rougeâtres du Keuper ; au-dessous, du gypse ; à 4 ou 500 mètres, une boue schisteuse noirâtre. Du fond des puits on retirait une poussière calcaire de M. Kalk ; les tuyaux étaient incrustés de gypse.

Sources. — On distingue les sources ordinaires des *Soolen* plus fortes. La *Trinkquelle* près du pavillon de la musique, sous un temple à colonnes : eau peu gazeuse, salée, peu agréable. — Temp. 16°, densité 1014 (par moi) ; sels 18 où domine le chl. sodique ; sulfate de chaux, 3 grammes. L'ancienne analyse de Bishoff diffère un peu des nouvelles. — Source d'*Oyenhausen* près le casino où la buvette est aussi consacrée aux eaux étrangères et au petit-lait ; le molken du chevrier d'Appenzell est doux à boire. Souvent l'eau est artificiellement chargée de gaz.

Les sources fortes, Soolen, les unes naturelles et froides, les autres artésiennes, sont employées pour les bains et pour la fabrication du sel. Les trois puits de forage anciens se voient dans le parc cachés sous de grosses tours de bois ; le nouveau date de 1898. En 1876 les incrustations des tuyaux, diminuant la température et le débit, donnèrent des craintes et nécessitèrent des réparations sérieuses. — La chaleur des puits profonds atteint 30-33°, chiffre assez conforme à la loi géothermique. Le débit dépasse 2.500 mètres cubes, ce qui satisfait à tous les besoins. — L'eau la plus salée va jusqu'à 100 grammes dont 85 de sel, 7 à 8 de sulfates alcalins et sulfates ou carbonates terreux. Les autres de 30 à 40 grammes, proportions analogues.

Bains. — *Grosses badhauss*, bâtiment revêtu de stuc jaune, ayant deux ailes et une coupole centrale, deux vestibules ; des salons d'attente, un couloir de 4 mètres de large et 72 cabinets de 25 à 30 mètres cubes. Les baignoires enfoncées dans le sol et chauffage à la vapeur. Deux maisons nouvelles, plus à la moderne, portent le nombre des cabinets à environ 200. — Le *Soolbad*, à côté des salines, a une belle salle de repos, des cabinets semblables et de grandes baignoires. — Quant à l'*Armenbadhauss*, il n'est pas tout à fait une maison d'indigents. — Le *Dunstbad*, pour inhalations ; c'est un bâtiment en croix à coupole où l'on s'assoit, en peignoirs, dans une galerie circulaire. Le liquide salé se brise sur des pierres ; c'est une atmosphère saline douce (j'ai toujours trouvé 25 à 26°), où le séjour d'une heure ne paraît pas long. — Le professeur Hope y a trouvé CO^2 3-4 %. — Le *Gasbad*, à quatre baignoires, est négligé. — Le *Wellenbad* est alimenté par les chutes de la Werra, hydrothérapie pure.

Les salines fonctionnent depuis longtemps. Les bâtiments de gradation, de plus de 500 mètres en longueur, reçoivent l'eau salée sur les fascines par une pompe et une roue hydraulique. Ces fascines, renouvelées après quelques années, s'incrustent de dépôts pierreux calcaréo-magnésiens et ocreux ; à l'extrémité ce sont des traînées de sel. Les malades, assis sur des bancs, respirent l'air salin et rafraîchi. — L'eau concentrée est prête pour préparer la mutterlaüge et le sel d'eaux mères.

Indications. — La boisson est accessoire ; la dose varie de 125 à 500 grammes et certains estomacs ne s'en accommodent pas, sans doute faute de gaz. La purgation est parfois le résultat et non le but. — Les bains ont fait la réputation de Rehme, me disait avec raison J. Braun. Il les donnait courts, 20-30 pour une saison.

Nous retrouvons ici la clinique des eaux salées du Taunus avec quelques modifications : anémie, lymphatisme ; à table d'hôte, beaucoup de femmes et d'enfants. Des scrofuleux boitant ou traînés en chaise roulante. Puberté difficile et *senectus præcox;* l'âge avancé n'est pas une contre-indication en y apportant les tempéraments nécessaires. Atonie *Allgemeine Schwæche.*

Spécialité antiscrofuleuse : scrofulose à tout degré jusqu'à la coxalgie suppurante ; le succès plus assuré chez les jeunes sujets. Les ulcères et les caries se modifient rapidement. Peu de résultats dans le lupus. Quant aux douches de gaz pour les yeux et les oreilles, Braun les traite de *Spilerei.* Les bains, dit-il, excitants de leur nature font quelquefois tomber la fièvre ; même remarque à Kreuznach, à Salies et ailleurs.

Chez les rhumatisants, la peau devient plus résistante au froid humide, moins disposée à la moiteur ; de même chez les goutteux affaiblis. Les catarrheux ont les inhalations vantées par Rinteln dans le catarrhe sec. Ensuite névralgies, paralysies diverses ; les apoplectiques eux-mêmes ne sont pas trop congestionnés. Le tabes peut s'améliorer, contrairement à ce que Beneke observait à Nauheim. — Quant aux affections utérines, la grossesse n'est pas une contre-indication pour Lehmann. Peu de succès dans les fibroïdes... Indications générales des salées fortes.

Parmi les nombreuses sources salées de Westphalie, nous citerons :

Kœnigsborn. — *Unna.* — Sur la ligne Soest-Dortmund. Centre important qui reçoit 2 à 3.000 p. par saison. — Curtaxe 12 M. — Saison, 15 mai 1er octobre.

Plusieurs sources dont la principale vient de 25 kilomètres, d'un forage de 700 mètres, a une température de 35° et débite plus de 1.000 mètres cubes. Sels 30 dont chl. sodique 26. — Les fascines à gradation ont 3 kilomètres de long. La maison de bains a 75 cabinets, l'eau arrive par des tuyaux entourés d'eau chaude. — En outre, tous les appareils pour traitements multiples. — Maisons de charité.

La plupart des indications de Rehme.

Plus loin près Osnabruck.

Rothenfelde. — Reçoit plus de 2.000 kurgäste. — Climat frais au voisinage de *Teutoburgerwald.* — Soole, température 18° ; gaz CO^2 1/2 v. Sels 60 dont 53 de chl. sodium ; bicarb. et sulfates terreux ; sulf. potasse 1,2, etc. — Deux maisons de bains. — Salines pour inhalations, sel commercial, mutterläuge. — Boisson, mélange d'eau de Seltz.

Mêmes indications.

Werne. — Moins important.

Rehburg — *Climatische Kurort.*

Dans la région de Hanovre se rencontrent plusieurs stations d'eaux sulfureuses auxquelles l'hydrologie allemande attache beaucoup d'importance.

Eilsen.—Ligne Minden-Hanovre, station de Bückeburg, 5 kilomètres. Bon aspect quand on arrive dans le parc par la grande allée : hôtels au centre et le Kursaal style d'un temple grec. Il y avait, fin juillet, un grand mouvement bien que la Curliste n'ait pas dépassé le chiffre 1.000.

La vallée N.-S. est située entre les coteaux boisés du *Wesergebirge*, un peu abritée N. E. Alt. faible. — Moyenne annuelle 9°, été 17° ; une fontaine assez abondante m'a donné 9°. — Peu de pluie. — Saison 15 mai 15 septembre.

J'ai trouvé à la source sulfureuse la plus forte une odeur et un goût prononcés; elle noircissait nettement le papier de plomb. — Température 11°. — Le débit total est de 200-300 mètres cubes. Le gaz sulfhydrique est très abondant. Plus de 2 grammes des sulfates terreux ; 0,05 de bicarb. ferreux. — La boue du *Moorlager* se prépare dans un grand bassin où elle s'imprègne d'eau sulfureuse. Demi-molle, douce au toucher, elle noircit les doigts comme de l'encre.

La trinkhalle a 50 mètres de long, on boit l'eau coupée de lait. Le *Badhauss* a une quarantaine de cabinets assez grands. Environ 60 baignoires, en plusieurs compartiments, sont réservées à la boue dont l'usage est en vogue. L'eau est pulvérisée dans les salles d'inhalation.

Rhumatisme, goutte et leurs exsudats. — Catarrhes des voies aériennes. — Maladies de peau, syphilis.

Nenndorf. — Environs de Hanovre. — Bonne installation. — Le chiffre des baigneurs, 2.000, a doublé depuis trente ans. — Climat et saison analogues.

Des quatre sources sulfureuses la plus forte m'a paru présenter les mêmes caractères tracés plus haut. Température 11°; débit 150 mètres cubes. Gaz sulfhydrique 15 centimètres cubes. Sulfure de calcium 0,07 ; sels 2,40 dont 1 de sulfate calcique — Boues sulfureuses dans le genre précédent. — Inhalations d'ancienne date. — Une eau salée très forte vient de Soldorf.

Double médication sulfureuse et salée ; d'où les indications relatives à ces deux classes. — Le traitement combiné de la syphilis est, depuis assez longtemps, pratiqué. Voir la brochure de Grandidier.

Meinberg. — Ligne Altenbecken-Hanovre ; à 10 kilomètres de Detmold. — Installation bonne. — Kurgäste, 6 à 800 sans accroissement. — Curtaxe, 10 M. — Situation assez pittoresque sur la pente du Teutoburgerwald. — Alt. 220 mètres. Climat semblable aux précédents. Saison *id*.

L'analyse de la source sulfureuse, un peu ancienne, indique : gaz S. H. 22 centimètres cubes et sulf. de sodium 0,01 ; sulfates 1,5. froide également. — Trois maisons de bains et des boues sulfureuses en renom. — La source salée vient de deux lieues.

Les indications sont donc encore relatives aux divers agents mentionnés. Il est question de quelques cas d'ataxie.

Lippspringe. — Westphalie, à 10 kilomètres de Paderborn (1).

Le nombre des visiteurs s'élève à 3.000, en progression depuis vingt ans. Parc bien tenu, Kurhauss. La ville de bains, située sur la pente S.-O. du Teutoburger W., est abritée du N. E. — Alt. 140. — Moyenne d'été 16°. L'air y est assez doux, humide le soir ; j'ai le souvenir de quelques jours de forte chaleur en juillet.

La source principale *Arminius* a fait grand bruit avec l'azote. Je renvoie à mes critiques (*Annales d'hydrologie*, 1889). — J'ai vérifié la température 21°. Il y a 2,5 grammes de sels terreux. — Plusieurs salles d'inhalation et la rotonde où l'eau s'évapore sur des fascines. C'est la cure principale. Le badhauss a 30 cabinets.

Indications par Rohden : l'inhalation à 20°, pendant une heure au plus, rend la respiration plus égale, plus profonde, la toux, la dyspnée diminuent et les crachats plus faciles. Le pouls tombe de 8 à 10 pulsations et le sommeil est plus calme. Bons résultats dans les catarrhes laryngés, bronchiques surtout dans le catarrhe sec, l'asthme et la tuberculose pulmonaire.

Inselbad. — Près de Paderborn ; possède une source

---

(1) La vieille ville de Paderborn, peu vivante, présente à l'étranger sa cathédrale roman gothique à grosse tour carrée et le *Rathhauss* avec son immense pignon à colonnettes ; — souvenirs d'Arminius, de Varus dont les légions ont laissé leurs ossements et les débris de leurs armures.

Hanovre est une ville agréable à l'étranger. — Le château et la belle argenterie du *Silber Kammer* ; le candélabre de Saint-Michel et du Dragon ; le Rathhauss et les maisons à pignons. — La statue de Leibnitz a une belle tête pensive. La colonne de Waterloo, sur la place de l'Arsenal, nous rappelle un triste souvenir.

de même ordre, *Ottilienquelle*, dont le Dr Höring a fait le renom. Ici ont été encore plus exagérées la quantité et les vertus de l'azote. — On commence à revenir de ces théories.

Des inhalations du même genre se pratiquent à Panticosa, encore un des domaines de l'azote ; mais là se trouve le grand facteur, l'altitude.

Groupe du Harz. — Cette contrée est plus connue par ses sites pittoresques que par ses thermes. Ilot montagneux qui se dresse en face des plaines du nord et dont quelques sommets dépassent 1.100 mètres. En été, les touristes y sont très nombreux aux célèbres vallées de la Bode, de Radau, de Selke, etc. ; lesquelles offrent aux géologues une ample moisson. Peu de régions ont autant de gîtes métallifères, en tête *Clausthal*. Partout des forêts, des rochers granitiques rappelant les accidents des grandes montagnes. Plusieurs villes assez peuplées et un nombre considérable de bons hôtels. Nous devons tenir compte de la grande affluence des touristes pour ne pas exagérer le nombre des baigneurs. D'autre part, beaucoup n'y vont que pour changer d'air. Cela dit, nous citerons :

Harzburg. — Au nord du massif ; embranchement de la ligne Brunswick. Vallée Radau au pied du Burgberg qui s'élève à 460 mètres, environ 200 mètres au-dessus de la ville.

Sources salées fortes dont une nouvelle artésienne. Bain dit *Juliusbad*. Salles d'inhalation, hôpital pour enfants scrofuleux, sanatorium.

Thale. — Au nord du massif. — Ligne d'Halberstadt. — Vallée granitique de la Bode, très sauvage bien que la plaine soit voisine. Vues de la place des sorcières *hexentanzplatz* et du pied de cheval *Rosstrape* (légendes). Alt. 250 comme la précédente.

Source *Hubertus*, temp. 12, sels 27 grammes ; très calcaire, bromurée. — Bains salés à Hubertusbad et autres de diverses espèces. — *Luftkurort*.

Alexisbad. — Pente S.-E. du massif ; station de Gernrode, deux heures. — Bonne installation. — Kurgæste, 1.500. — Vallée de la Selke. Alt. 325 m. ; air des forêts.

Source : temp. 9, débit faible ; peu d'éléments, bicab. de fer 0,045, modérément gazeuse. Boisson, bains variés les uns avec mutterlaüge transportée. — *Blankenburg* est une des stations d'été du Harz.

BAINS DE SAXE

Elmen. — Près Magdebourg (ville de plus de 200.000 h.). — Station de Shœnebeck ; tramway. En 1872 on comptait 2.000 Kurgæste, aujourd'hui le double. — Curtaxe 10 M. — Sources froides, débit 800 mètres cubés. Soole : sels 54 dont chl. sodium 50 et sulfates. *Trinkquelle* moins riche, bromure 0,2. Aux salines la mutterlaüge est riche en brome.

Plusieurs maisons de bains, piscines, inhalations, bains de vapeur, etc. — Indications des salées fortes.

Kœsen. — Près Naumburg — sur la ligne Halle. Bebra. — Kurliste plus de 2.000 p. — Curtaxe 9 M. — Vallée de la Saal. — Alt. 160 m. Source *soole* d'un forage de 200 mètres. Temp. 18, débit 600 mètres cubes. Sels 50 dont chl. sodium 43 et sulfates. *Trinkquelle* plus faible.

La boisson est gazéifiée. — Plusieurs maisons de

bains et médications diverses. — *Wellenbad*. Salines.
— Indications des chlorurées fortes. Nombre d'enfants scrofuleux.

Pour étudier les bains de Saxe-Meiningen, j'ai dû suivre la jolie route d'Eisenach à Coburg, pays accidenté à travers bois et prairies; trois à quatre heures de chemin de fer. A Eisenach est le château de *Wartburg*, célèbre par le séjour de Luther ; à Meiningen, le château de *Louisberg*. On longe le *Thuringerwald* et les vallées de Fulda et Werra, affluents du Weser.

Là se trouvent les deux petits bains de Salzungen et de Lieben-stein, dans la *Werrathal*, sur le versant S.-O. du Thuringerwald, un peu au-dessus du 50e degré ; abrités du N.-E., ayant une moyenne d'été de 15 à 16°, un temps assez frais et une quantité de pluie moyenne. Saison mai-octobre.

Salzungen. — Station entre Eisenach et Meiningen. — Salines très anciennes. — Installation bonne, environ 2.000 p. — Curtaxe 10 M. — Alt. 250 m.

Les sources nombreuses, quelques-unes forées, ont pour base le Zechstein. Temp. 13-14°, débit plus de 1.000 mètres cubes; sels 14 dont chl. sodium 12; magnésie abondante. La mutterlaüge a une densité de 1.240 et 3 grammes de bromures par litre. — Badhauss avec piscine. — Bains de boue du Rhœn. Inhalations aux salines, douches à haute pression. — Hôpital.

Liebenstein. — Sur un embranchement. Des belles ruines du *Burgstein* l'œil embrasse le pays, le Rhœn et le Thuringer-W. Aux environs l'intéressante grotte d'*Alterstein*. — Kurliste 1.500. — Curtaxe 10 M. — Alt. 350. Climat frais.

Les sources sortent de la grauwæcke : temp. 10°,

débit faible ; sels terreux 1,50 et bicarb. ferreux 0,08 ; CO^2 un volume. Si l'analyse est exacte, ce serait une eau aussi riche que Schwalbach. Elle est employée en boisson et en bains dans les anémies et maladies des femmes. — L'établissement hydrothérapique est un adjuvant.

Friedrichshall. — En approchant de Coburg, se trouvent ces anciennes salines où se recueille le *bittersalz* renommé qui est exporté au loin.

Le terrain est intéressant : marnes du Keuper dont les couches sont semées de masses basaltiques en décomposition ; argiles, dolomie, gypse, grès. — Le puits a été foré à 200 mètres ; l'eau, un peu jaunâtre, prend parfois une odeur sulfureuse. Peu gazeuse, comme tous les bitters en général, elle a une densité de 1022, correspondant à 25 grammes. La minéralisation est remarquable : Chl Na 8, chl. Mg 4 ; SO^3NaO 6, SO^3 Mg.O 5 ; brom. Mg 0,10.

La brochure d'Eisenmann, traduite par Morpain, 1858, fit mieux connaître en France cette eau purgative et pendant un temps elle y fut prescrite. Aujourd'hui elle a fait place à d'autres.

Bien que les Bitterwasser varient de composition, les indications en sont analogues. L'eau qui nous occupe ne purge pas aussi franchement que celles de Bohême et de Hongrie plus chargées de sulfates amers. — Ce sont toujours les catarrhes g. intestinaux, les stases abdominales, les hémorroïdes, l'obésité, l'emphysème avec dyspnée ; les congestions des centres ; les manifestations cutanées scrofuleuses. Cure déplétive et dérivative.

Dresde. — J'ai eu l'occasion, il y a assez longtemps,

de voir l'établissement *Struve* où se fabriquent les eaux minérales artificielles. — L'eau employée est pure, le gaz aussi, provenant du carb. magnésien décomposé par SO^3 ; ce gaz est accumulé dans plusieurs récipients métalliques, sous pression.

Les solutions minérales alcalines entre 1 et 2 gr. par litre et les ferrugineuses jusqu'à 10 ou 12 centigrammes. — Exportation en grand. — Il y a des fabriques analogues en Allemagne, en Angleterre et ailleurs.

Près de Dresde, station de Badeberg, sont les sources ferrugineuses d'*Augustusbad* où les baigneurs, au nombre d'un millier, jouissent d'un beau parc, d'un Kurhauss et de la proximité d'une grande ville essentiellement artistique.

Schandau. — Dans la contrée si pittoresque nommée à juste titre Suisse Saxonne (1). — Station de la ligne de Bodenbach ; à trois heures de Dresde par le bateau. — Voisinage de la Bohême.

Petite ville coquette sur la rive droite de l'Elbe. Les hôtels s'alignent sur les quais et la vue est belle des

(1) Voici comment j'ai visité ce beau pays : après la douane de Bodenbach, arrivant de Bohême, montée au *Prebichtorn* pour passer à travers l'immense porte naturelle ouverte dans les rochers à escaliers ; là est le *Kepthorn*, mont basaltique. Montée à l'hôtel du grand *Winterberg*, d'où se voient le *Rosenberg* et le *Schneeberg*, pics de Bohême. Le petit Winterberg est encore basaltique. Dans cette partie j'ai mesuré de gros arbres jusqu'à 3 mètres de tour ; ce sont des bouleaux, des hêtres, surtout des pins et sapins. Le *Kuhstall* est une immense grotte où les joueuses de harpe et l'écho se font entendre.

Après Schandau, le fort de *Königstein* et *Lilienstein* d'où partit Napoléon dans sa campagne de 1813. Plus loin la *Bastei* à 200 mètres au-dessus de l'Elbe, et le pont de F. Auguste ; en face le *Pupfstein*. Enfin Pirna : château, asile d'aliénés où la vallée s'ouvre riante.

terrasses. Société gaie à cause des touristes. La liste porte 3-4.000 p. — L'abri du Nord rend le climat doux; j'ai le souvenir de soirées d'été mi-septembre.

La source est au fond d'une gorge dans un bourbier ocreux : température 9°, peu de gaz, peu de sels, quantité de fer exagérée. Indications des ferrugineuses.

Valentiner dit bien : « *Schandau spielt mehr die rolle einer sommer frische als die eines Stahlbad.* »

Le géologue trouve à s'occuper : lignites de Bodenbach où le charbon noir léger porte des traces végétales. Masses de grès d'une teinte grise et blanche à la coupe. Cette couleur et les formes de tours et de colonnes font l'illusion de ruines grandioses. Beaucoup de sommets basaltiques.

GROUPE DE SILÉSIE

La route à suivre est de Dresde à Gorlitz, ville moyen âge dont les vieilles tours et les maisons ornées de sculptures, l'église gothique et la crypte valent bien un arrêt. De là par les lignes de Breslau *Hirschberg Königsgratz*, on visite les bains nombreux de cette région et ceux voisins de la frontière en territoire autrichien (1).

---

(1) Nous avons fait en voiture ce voyage plus long, mais plus attrayant, et nous le conseillons encore aujourd'hui en dépit des facilités des chemins de fer.

De loin se dessinent les crêtes mamelonnées du *Riesengebirge*. — Waldenburg, ville industrielle, est un centre pour visiter plusieurs villes thermales.

De W. à *Adersbach* trois heures par Friedland à travers une chaîne du Risengebirge. Adersbach est curieux par ses masses de grès déchiquetés dont les ravins simulent des rues à mu-

Warmbrunn. — Station de la ligne Gorlitz-Hirschberg. — Vallée bien ouverte ; grande allée conduisant à la montagne ; château et parc. — Kurgäste, 3-4.000. — Curtaxe 16 M. La clientèle est composée de Prussiens et Russes. La vie est simple.

Lat. 51°, alt. 360 ; moyenne 7°,5, été 15°, pluie 8-900 millimètres. Climat frais sur la pente nord du Riesengebirge. — La vallée est dans le granite.

Les sources anciennes et nouvelles ont 35-43°, un débit de 700 mètres cubes ; 0,50 de sels communs. La *Neuequ.* forée à 50 mètres en plein granite, est un peu gazeuse. — Les eaux étrangères sont plus recherchées en boisson. — Plusieurs maisons de bains disposent d'une centaine de cabinets ; baignoires en zinc métal du pays. Une piscine de 4 mètres de diamètre dans une belle rotonde permet le bain en commun ; nous y étions une vingtaine ; de grosses bulles d'azote s'en échappaient ; une autre de mêmes dimensions.

Indications : celles des eaux de montagnes chaudes telles que rhumatisme, goutte, névralgies, paralysies, vieilles blessures, etc. Les rhumatisants y prennent des bains jusqu'à 40°.

Les environs offrent plusieurs excursions, entre autres les cascades du *Zacken* et les verreries de *Hochstein*.

Salzbrunn. — Sur la ligne de Breslau, peu éloigné de Waldenburg, connu depuis 1600 et célébré par le poète Neubeck ; en 1812 Napoléon s'y arrêta. —

railles à pic de plus de 100 mètres, en outre des galeries voûtées, des pièces d'eau, des cascades.

D'A. à Trautenau trois heures par une longue côte ; colonne des Prussiens en 1866. Puis à Königsgratz par Nachod pour voir le champ de bataille. La forteresse porte des traces de boulets.

Ville de 10.000 h. assez animée. Belle allée descendant au parc. — Trente ans passés on comptait déjà 3.000 visiteurs, ce nombre est doublé; beaucoup de touristes, beaucoup d'hôtels et de maisons garnies confortables. — Curtaxe 20 M. — Exportation plus d'un million de bouteilles.

Du haut de la tour de W.-hohe se voient : à l'Est la grande plaine de Breslau, à l'Ouest le *Shneekopf* et le cône du *Hochwald*. La vallée Salzbach, N. E.-S. O., est dominée par des sommets jusqu'à 800 mètres. — Alt. près de 400 mètres. — Moyenne 7°; été 14°. — Climat frais, tonique. — Saison mai-octobre. Septembre est favorable aux touristes.

Les sources sortent de la grauwacke traversée par des basaltes et des porphyres. La plus connue des anciennes, *Salzbrunn*, est captée dans le granite; t. 9° d'un goût piquant, alcalin. Le gaz libre dépasse 1/2 v.; bicarb. sodique 2,50, terreux 1, sulf. de soude 0,5. — La boisson est le principal avec lait et petit-lait soigneusement préparé. — Les vieux bains étaient médiocres, les nouveaux sont mieux. — Moorbäder ; Appareil pneumatique, etc. Les hôtels ont des baignoires.

Les indications bien tracées par le Dr Hoffmann découlent du caractère alcalin : affections abdominales ; lithiase biliaire et urinaire. Spécialité pour les voies respiratoires, goutte et diabète, renommée contre la tuberculose.

Salzbr. ne mérite pas le nom de *Kalte Ems*. Néanmoins eau alcaline mixte méritant l'attention.

Altwasser. — Voisin de Salzbr.; date de plusieurs siècles. Installation satisfaisante; mais la fumée des fabriques et l'altération de l'eau par les travaux de mines, comme à Cransac, ont amené la décadence. Du reste, la quantité de fer avait été exagérée. — Le *Neuebad* est une maison convenable. La terre pour les Moorbäder est noire, très odorante, styptique ; on la met dans des tonneaux à la mode de Bohême.

Flinsberg. — Plus rapproché de Gorlitz, sur l'embranchement Greiffenberg, est aussi une eau martiale fréquentée, 3.000 p. Montagnes élevées ; vallée ouverte au Nord, élevée elle-même de plus de 500 mètres. — Moyenne 7°, été 15° ; pluie, 1 m. — Sources froides, très gazeuses ; bic. ferreux 0,04. — Indications des eaux ferrées ; action du climat.

Dans le comté de Glatz nous signalerons :

Landeck. — A 25 kilomètres de Glatz par un embranchement. Déjà connu dès longtemps et recevant depuis nombre d'années 4-5.000 visiteurs. Curtaxe 15 M.

Lat. 50°, alt. 450 ; au milieu des montagnes et des forêts, abri N.-E. ; moyenne 7°, été 15° ; climat frais. — Saison mai-octobre.

Les sources sortent du gneiss : temp. 18-28°, débit moyen ; 0,20 d'éléments salins et légèrement sulfureuses. D'où le classement parmi les thermales simples. — La boisson ne compte pas et le petit-lait la remplace. — Pour les bains une centaine de cabinets, avant tout les piscines à température native comme à Badenweiler, à Bagnoles-de-l'Orne, à Buxton. — Bains de boue, hydrothérapie.

Les indications ont trait au rhumatisme, à la goutte chez les anémiques, aux névroses, hystérie, chorée, aux maladies des femmes et, en général, à la clientèle des Wildbäder. Il y aurait aussi un rapprochement avec nos eaux pyrénéennes à sulfuration faible et d'une chaleur modérée.

Reinerz. — Desservi par une petite station du chemin de Glätz, 5 kilomètres de route ; aussi par la station autrichienne Nachod. — Connu depuis longtemps et recevant plus de 6.000 Kurgäste ou touristes. Beau parc, bonne installation. — Curtaxe 20 M. — Même climat que Landeck, sauf l'altitude un peu supérieure. — Même saison.

Les sources sortent du même terrain : plus froides, ne dépassent pas 18° ; plus minéralisées ayant plus d'un volume de CO^2 et bicarb. ferreux 0,05, ce qui les classe parmi les ferrugineuses.

Boisson et bains, une soixantaine de cabinets ; moor bäder et molken. — Beaucoup de maladies de poitrine ; on dit qu'il n'y a pas de tuberculeux dans le pays. Le succès ne saurait s'expliquer que par le climat. Pourquoi Landeck n'a-t-il pas cette spécialité ? Du reste, indications des ferrugineuses et de l'air tonique : anémies, dyspepsies, névroses, catarrhes chroniques, etc.

Cudowa. — Abordable par plusieurs stations des chemins silésiens et par Nachod. — Il y a trente ans le nombre des clients n'arrivait pas à 1.000, aujourd'hui 3.000. — Curtaxe 24 M. — Climat analogue.

Les sources viennent du granite ; température, 11° ; débit moyen, 200 mètres cubes ; CO^2 1 v., éléments fixes 2-3 grammes, moitié en bicarb. sodique ; quelques centigrammes de sel ferreux et un peu d'arsenic. — Buvettes et maisons de bains disposant d'une centaine de baignoires. — Bains de boue ferrugineux. — Indications des eaux gazeuses fortes, alcalines faibles et ferrugineuses : anémies, névroses, maladies utérines, des voies digestives et urinaires. Le climat toujours facteur très important.

Langenau. — A 20 kilomètres de Glatz, Breslau à Mittelrode, a moins d'importance. Les sources froides, très gazeuses plus de 1 V., contiennent 0,05 de sel ferreux et peu d'éléments salins. — Indications des ferrugineuses.

Charlottenbrun. — Sur la ligne Gorlitz-Glatz. Joli village dans une vallée riante ; installation coquette et beaux tilleuls sur la promenade. — Kurliste 1.500. — Vallée N.E.-S.O., abritée N.O ; alt. près de 500 mètres et climat analogue aux précédents.

Les sources sortent du porphyre à une température de 6-8° ; débit et minéralisation faibles. La source Charlotte est sous un pavillon à proximité d'une galerie couverte ; elle m'a paru très froide. Badhauss, 24 baignoires en zinc, chauffage Schwarz. Usage général du molken. — Anémie, état nerveux, catarrhes pulmonaires. Ici encore l'influence du climat.

Johannisbad. — Près Trautenau en Bohême. Néanmoins nous la rangeons dans le groupe de Silésie à cause de la proximité et des analogies. — L'altitude au-dessus de 650 mètres est corrigée par l'abri N.-O. du Riesenge, en sorte que la moyenne d'été est de 2° supérieure à celles des localités précédentes.

Les sources sortent d'une roche calcaire à 29 ou 30°, sont peu gazeuses, à peine minéralisées ; encore une thermale simple. — Bains de piscine à température normale. — Indication des Wildbäder, le climat adjuvant : faiblesse générale, convalescences, rhumatisme, goutte sur un fond anémique, affections utérines, névralgies, etc. Nachcur après la cure en Bohême.

L'établissement de *Gœbersdorf*, fondé par Brehmer, un des premiers séjours d'altitude pour la cure de la tuberculose, est à quelques kilomètres de Friedland et reçoit 7-800 malades par an. Il y a de nouvelles constructions à la moderne.

Dans la même région, Silésie autrichienne, est le célèbre établissement de *Grœfenberg* où Priessnitz fit ses premiers essais d'hydrothérapie.

Remarques générales : les petites villes thermales de Silésie sont coquettes et riantes, au milieu des montagnes et des forêts, aimées des touristes, à une altitude moyenne et jouissent d'un air pur. Les sources sortent de roches cristallines, tantôt chaudes, tantôt froides, peu chargées de sels. Le petit-lait et le climat ont une importance notable dans la cure.

ELSTER (Saxe)

Nous plaçons ici Elster à cause de son voisinage de la Bohême et de ses analogies avec les eaux de cette contrée. — Station de la ligne Plauen-Eger, entre Plauen et Franzensbad; dans le pays industriel et houiller de Zwickau, Chemnitz, etc.; et dans la fertile vallée de l'Elster.

Installation très complète, bons hôtels parmi lesquels *Wettinerhof* où j'ai trouvé bon gîte ; boutiques élégantes sous la colonnade ; parc soigné. La population est douce et prévenante, le type féminin agréable.

Partout l'aisance et le confort. — Les auteurs de balnéologie avaient prévu la prospérité de cette station. Il y a trente ans la Kurliste n'inscrivait que 3.000 p.; aujourd'hui 6-8000. — Curtaxe 15 M.

Lat. vers 51°; alt. dépasse 500 mètres. La vallée N. E.-S. O est un peu abritée à l'Ouest et le climat adouci par les bois de sapins. Moyenne 6-7° et l'été 14-15°. — Saison mai-octobre. Au 15 septembre j'ai vu encore quelque mouvement; les matinées et les soirées trop fraîches.

Sources ; bains. — Les sources viennent d'une vallée étroite. — Les principales sont : *Kœnig*, *Moritz* et *Salzquellen*. Elles ne varient que de proportion d'éléments. — Temp. 10°, débit assez considérable. Sels fixes, 2-6 grammes sauf la Salzquelle qui approche de 10 : Sulfate de soude jusqu'à 3 grammes, chl. sodique jusqu'à 2; bicarbonate alcalin près de 1 gramme; bicarbonate ferreux entre 0,06 et 0,08. La source lithinée aurait 0,10 de chl. lithium. Gaz CO^2 1.000-1.200 centimètres cubes.

Il s'agit donc d'une eau gazeuse, alcaline mixte, ferrugineuse, lithinée. Il y a de quoi désorienter la classification chimique. C'est bien la constitution qui se rencontre en Bohême. N'était sa basse température, elle rivaliserait avec Ems et même Carlsbad. A mon avis, sa valeur incontestable est atténuée par ce défaut de chaleur native.

Sous la trinkhalle sont les buvettes très suivies et les fourneaux pour chauffer le liquide, ensuite le petit-lait. — Le Badhauss présente une façade de bon aspect et renferme une centaine de cabinets plus étroits qu'ailleurs, baignoires en cuivre; chauffage Schwarz. La maison des *Moorbæder* a une soixantaine de cabinets. La terre noire de Franzensbad est arrosée, l'hiver, du liquide minéral, et le bain se prépare comme en Bohême.

Indications. — Elles varient selon les sources plus ou moins salines et les doses. Quelques-unes peuvent se boire à table. Un ou deux verres le matin ouvrent l'appétit et agissent en modificateurs ; quatre à six produisent la purgation.

On comprend combien les indications sont nombreuses : en partie celles d'Ems et de Schwalbach, encore plus celles de Marienbad et Franzenzbad. Beaucoup de types d'anémie et de chlorose ; de maladies utérines, suites de couches, exsudats puerpéraux. Quelques goutteux (source lithinée). Les lésions du rhumatisme chronique aux bains de boue. La pléthore abdominale et les obstructions du canal digestif sont le fond de la clinique.

BAINS DU SUD

Plusieurs bains du Wurtemberg ont trouvé place parmi ceux des bords du Rhin.

Canstatt. — Faubourg de Stuttgart (1), ville

(1) Rien de plus aisé pour les malades que de faire leur cure d'été ou d'hiver à Stuttgart : grande ville bien ouverte où les hôtels sont confortables ; je cite l'hôtel *Marquardt*, près la gare, dont la cuisine est excellente et le vin de choix. Les boutiques de la *Konigsstrasse* sont bien fournies et la promenade du *Schlossgarten* attrayante par ses arbres, ses pièces d'eau et ses statues.

C'est une ville d'arts : le musée renferme le cabinet de Thornwaldsen. Au palais de la Résidence on admire les beaux chevaux anglo-normands *Leibstall*. Encore le vieux palais *Kœnigsbau*.

Aux environs les coteaux du Neckar sont couverts de vignes

industrielle de 25.000 habitants ; moins de fréquence par suite du voisinage. De Berg et du *Sulzerain* la vue embrasse la vallée du Neckar, le grand pont, les jardins et les villas ; les collines S.-O. et les carrières N.-E.

Le climat a été bien étudié : lat. 50°, alt. 220 ; moyenne 9°, été 18°, hiver 1°, maximum 37°. Vents S.-O. dominants dans la vallée S. O.-N. E. Maïs, arbres fruitiers. — Saison 15 mai-15 septembre. Cure d'hiver.

Sol, trias : M. Kalk avec gypse et dolomie argileuse ; Keuper, dans la rue du Neckar coupes de grès rouges. Enfin les tufs calcaires gris et ocreux, poudingues. Les fossiles et les restes de grands mammifères sont célèbres. Les dépôts calcaires s'opèrent dans les trous de sonde.

Les sources très nombreuses ont 18-20°, un énorme débit, le *Sprudel*, seul, 2.500 mètres cubes ; il bouillonne vivement. Les sels se partagent entre chl. sodium et carbonate ou sulfates terreux ; en tout 4-5 grammes.

Une longue allée de marronniers mène au promenoir de la trinkhalle où l'eau sort d'un gros jet. *Molken* et *traubenkur*, addition de *glauber* et *bitter salz*. — Les bains sont nombreux et les baignoires sont de petites piscines. Dans l'île est l'établissement *Leuze*, grand *Swimmingbath*. Cures longues, système de Kreuznach.

Indications des eaux salées. Dans les paralysies association de l'hydrothérapie et électricité. Dans les maladies utérines, intervention chirurgicale.

échelonnées sur des murettes comme sur le Rhône. Les vins blancs mousseux rappellent ceux de la Loire.

GROUPE DE BAVIÈRE

KISSINGEN

Station des lignes Wurzburg-Hof et Schweinfurt-Meiningen. Entre Wurzburg et Bamberg ; dans la vallée de la Saal. Date du xvie siècle.

J'ai vu Kissingen, pour la première fois, en 1865 et j'ai publié alors une monographie dans les Annales d'hydrologie. Déjà il y venait 7-8.000 p. dont 200 Français environ, parmi lesquels De Caraman, de Fontenillat, de Pontalba, Waleski, l'abbé Le Rebours, Mme Brohan et autres noms connus. Actuellement la liste dépasse 20.000. — La Curtaxe a passé de 10 M. à 30. Les prix ont beaucoup augmenté avec le luxe des hôtels et des villas (1).

Climat; sol. — Lat. 50°, alt. 200 mètres. La vallée N.-S. est entourée de collines boisées et le Rhön-gebirge la protège au N.-E. — Moyenne 7°, été 16°; hauteur moyenne de pluie. Pendant le mois d'août 1865, j'ai compté 12 jours beaux, 8 pluvieux et les autres mixtes ; 3-4 orages. Arbres à fruits et vignes qui donnent un bon vin blanc *Saalwein*. Gros gibier dans les forêts Ces grands bois donnent au climat une certaine douceur. — Saison mai-octobre. Septembre est le mois des professeurs et des touristes.

Terrain trias : Keuper sur les sommets, M. Kalk et

---

(1) Environs : du pavillon Maxruhe, vue sur la vallée. — **A. Bodenlaube** tour romaine. — *Aura*, cloître byzantin. — Rendez-vous de chasse: *Seekof* et *Klausof*. — *Trinberg*, ruine. — *Salzburg*, restes d'un palais des carlovingiens. — *Ashach*, château des évêques de Wurtzburg.

Buntersandstein. Les forages ont atteint le Zechstein. Enfin quelques basaltes. — Dans le forage du *Shonborn* (584 mètres), jusqu'à 500 mètres dans le Buntersandstein ont été retirés des grès, des calcaires, du gypse. Plus bas, dans le Zechstein, des argiles salifères, du sel gemme, du gypse et de l'anhydrite, des pyrites.

Sources. — Les trois sources de la promenade, *Rakoczy*, *Pandur* et *Maxbrun*, ont des caractères communs : elles bouillonnent vivement, ont un goût salé et amer et louchissent au repos. — Température 9-11°, densité 1.007, — Sels 8-9 grammes dont 6 chl. sodium, le reste sels terreux ; CO^2 dépasse un volume. Le Maxbrun est plus faible.

Un forage de 360 mètres a fait jaillir le *Soolen* à 2 kilomètres des autres, lequel bouillonne avec intermittences sous une cloche de verre : température 18-20°, débit variable, environ 1.000 mètres cubes, et minéralisation de 15 à 17. — Le Shonborn est à 3 kilomètres, rive gauche de la Saal, dans une tour carrée ; analyse au laboratoire d'Erlangen : température 20°, débit 1.500 mètres cubes ; sels 13 grammes, la quantité de sulfate magnésien plus considérable, CO^2 libre 1.270 centimètres cubes.

Aux salines se préparent les eaux-mères et le bitterwasser.

La Cure. — L'eau se boit le matin, dès 6 heures, aux sources de la promenade, c'est une animation extrême ; en temps de pluie, la longue colonnade circulaire offre un abri. Plusieurs font chauffer au bain-marie ou bien coupent avec lait ou molken. La dose est de 2-6 verres de 200 grammes, ce qui produit l'effet laxatif ; pour l'obtenir, il faut parfois recourir au bitter.

Les bains se donnent dans plusieurs établissements qui possèdent une centaine de cabinets et autant aux salines; de plus, les baignoires des maisons privées. L'eau du Pandur est la plus employée, chauffée à 35°, celle de la saline à 18°, chaleur naturelle, et la durée courte. Le *Wellenbad* dont le jet arrive brusquement du fond de la baignoire simule les vagues de la mer. En outre la mutterlaüge, les boues du Rhön, les bains de gaz, les inhalations aux salines.

L'ensemble du traitement est stimulant et s'il dépasse la mesure, amène la fièvre, les symptômes gastriques, les congestions et constrictions à la tempe et à la nuque; dyspnée, insomnie, troubles nerveux. Je laisse de côté l'ébriété du gaz, passagère. Pour ma part, j'ai éprouvé tout cela, obligé de m'arrêter. J'ai vu un banquier de Varsovie frappé d'une apoplexie mortelle à la suite d'une mauvaise nouvelle. — D'autre part, des crises salutaires par éruptions cutanées, urines sédimentaires, selles noirâtres, poisseuses.

La cure ordinaire est de trois semaines, rarement plus. Nous avons déjà signalé les usages et le régime allemands.

Indications. — Les médecins (ici je dois un souvenir à Gœtschenberger, Welsh, Kisch, Stohr, etc.) ne cherchent pas la purgation réclamée par leurs clients, mais bien la modification de l'organisme malade, *recorporatio* de C. Aurelianus. Ils préfèrent les anémiques aux sanguins et les lymphatiques aux nerveux, redoutant les spasmes et les congestions. La perte de poids et l'affaissement progressif du ventre avec augmentation de l'appétit et des forces sont de bon augure chez les obèses; plusieurs suivent le régime Banting.

Les rhumatisants et goutteux atoniques ne sont pas

ici dans la proportion de Wiesbade. Pour la scrofule un peu profonde il faut des eaux-mères. Dans les névroses, les congestions sont à surveiller.

Le fond de la clientèle est fourni par les affections abdominales. Les indications se rapportent à la dyspepsie des gens des villes, à la constipation, aux catarrhes gastro-intestinaux, à la pléthore abdominale, aux hémorroïdes ; pourvu qu'il n'y ait pas de symptômes de gastro-entérite, lesquels s'aggraveraient. Les engorgements du foie et de la rate ne présentent pas la gravité de ceux de Carlsbad.

La cure augmente le molimen hémorragique de l'utérus ; d'où son application aux anomalies menstruelles, aux catarrhes et engorgements utérins. J'ai vu plusieurs malades de Scanzoni. Le bain de vagues, à titre de stimulant, et le bain ou douche de gaz à titre de sédatif.

Ajoutons quelques cas de diabète et les indications des eaux gazeuses et salées moyennes.

Bocklet. — A 10 kilomètres par les salines, au milieu des prairies de la Saal ; peu fréquenté si ce n'est par les baigneurs de Kissingen. Même origine des sources. La *Stahlquelle* à 10° renferme 3-4 grammes de chlorures et de sels terreux et 0,08 de bicarb. fer ; 1.500 centimètres cubes de gaz CO^2 libre. Elle bouillonne vivement et sa saveur atramentaire est prononcée. Le Kurhauss fait bonne figure avec sa coupole.

Je vois encore le docteur Rubach fumant sa pipe à sa consultation. — Indications des eaux martiales. Nachcur après Kissingen.

Bruckenau. — A 30 kilomètres, dans la vallée

de la Sinn où les étrangers vont voir les deux gros chênes ; j'ai mesuré le tour du chêne royal, 7-8 mètres. — Il y passe 2.000 p. — Le Kurhauss, style d'un temple grec, a une belle *Speisesaal* où l'on nous servit du vin blanc des caves royales.

Le *Stahl-brun* est très gazeux, 1.200 centimètres cubes, moins minéralisé et moins ferrugineux que Bocklet. Les bains du Kurhauss, assez suivis, ont 30 cabinets ; plusieurs maisons particulières en ont aussi. Puis des bains variés.

Mêmes états pathologiques et Nachcur après Kissingen. Deux sources se prescrivent dans les maladies réno-vésicales.

Neuhauss. — Egalement dans les environs, vallée de la Saal. Sources salées fortes assez purgatives. Peu fréquenté.

REICHENHALL

A 35 kilomètres de Munich, ligne Salzburg et sur la frontière autrichienne. Connu des Romains pour les salines, moderne en tant que ville thermale. Petite ville de 4 à 5.000 habitants, bien pourvue d'hôtels parmi lesquels *Burkert* me donna bonne hospitalité. Boutiques nombreuses dans la longue rue. — En 1873, 6.000 Kurgæste furent inscrits, en 1900 plus de 10.000. — Curtaxe 15 M.

Climat. — Lat., au-dessous du 48°; alt:, 475. — Moyenne 8°, été 16°; en août, jours de chaleur, je notai 30°. — La vallée E.-O., assez ouverte, protégée au nord par le *Hochstaufen*, à l'est par l'*Untersberg*; les sommets atteignent 1.800 mètres. Le climat est assez doux.

Sources. — Elles sourdent de la roche calcaire, M. Kalk. La visite des souterrains à 30 mètres de profondeur, dans les cavités naturelles ou creusées, permet de voir tous les filets d'eau salée et d'eau douce qui s'échappent des parois ruisselantes. La température du milieu est de 12°; c'est aussi celle des eaux. La plus chargée m'a donné 1.190 au densimètre, soit environ 27 %. Le débit total est de 6-700 mètres cubes. Un réservoir les réunit. On voit aussi de gros tuyaux amenant les eaux salées de Berchtesgaden.

Prenant pour type l'*Edelsquelle*, nous avons : sels 233, dont chl. sodium 224, chl. magnésium 2, sulfate de soude 2, le reste sulfate calcique, un peu de brome.

La mutterlaüge et le bittersalz aux salines, produits riches en magnésie et brome. Les bâtiments de gradation, hauts d'une vingtaine de mètres où des escaliers permettent de monter, laissent voir l'arrivée de l'eau salée qui de 6 % se concentre jusqu'à 15. Ainsi s'utilisent les salées faibles. C'est une promenade et une inhalation. Sur les bancs, les hommes lisent et les femmes brodent.

Les anciens bains étaient médiocres; en 1873, ceux d'*Achselmanstein* marquèrent un progrès; il s'en est construit d'autres et, aujourd'hui, plus de 200 baignoires sont à la disposition du public. On additionne, quand il le faut, de soolen ou d'eau mère.

Les inhalations se font, en outre des bâtiments de gradation, au *Sooldunstbad*, vapeurs salées, et dans la salle Wassmuth. L'appareil à air comprimé est un grand cylindre en fonte où la pression est accrue de 2/5°. Les parois arrosées conservent la fraîcheur, en sorte qu'il est possible d'y rester deux heures. — De plus, le *Kaltwasseranstalt*.

Le molken, préparé par la présure, a un arome très agréable (Helfft); cela est exact. Le *Krautersaft* est préparé avec une foule de plantes : véronique, cresson, trèfle, tussilage, léontodon, etc.

Indications des eaux salées fortes mentionnées plus haut. Quelques maladies de poitrine à cause du climat et des cures accessoires.

Je ne saurais oublier la complaisance extrême du Dr Schneider pendant une de mes visites à Reichenhall.

Berchtesgaden. — Dans la même région montagneuse de la Bavière. Un peu plus au sud à 100 mètres plus haut, plus enfoui dans la grande montagne; au pied sud de l'*Untersberg*, au voisinage de sommets alpins de 2-3.000 mètres.

C'est une doublure de Reichenh.; néanmoins il reçoit 4-5.000 visiteurs. Il y a des maisons de bains, des eaux mères qui sont fournies à plusieurs bains de la contrée; des boues, des pointes de pins; du molken. Mêmes indications et Nachcur après la Bohême.

La visite des galeries en costume de mineur, en chaises roulantes et en montagnes russes (ce qui permet un long parcours en une heure), est des plus attrayantes : mon thermomètre accusait une moyenne de 9°; parois peu humides, tantôt des marnes salifères à argiles noirâtres, et dépôts de sel blanc; tantôt la pierre de sel grise ou couleur de chair, sèche et très dure; souvent une structure stratifiée.

Le lac salé, illuminé sous une immense voûte, est d'un effet saisissant. Il a 100 mètres de long sur 25 de large, 1 à 2 de fond; une barque vous y promène. L'eau garde la température du milieu; elle marque

27 % à l'aréomètre, elle est caustique. — A côté, les profondeurs des *abîmes*.

Les soolen de ces deux localités se rapprochent de ceux de Hall (Tyrol), d'Ischl, de Salzungen, de Salies-en-Béarn. La Mutterlaüge est riche en chlorures de calcium et de magnésium. Le soolen de Rheinfelden est encore plus riche, 318 grammes.

Il nous reste à mentionner quelques stations de moindre importance dans la région :

Rosenheim. — A la jonction des lignes d'Insbruck et de Salzburg, dans la vallée de l'Inn ; 450 mètres d'altitude. Alimenté par l'eau des Reichenhall, à une assez grande distance. Le Badhauss a des boues et vapeurs. La petite ville est d'agréable aspect. Aux environs, le *Chimsee*.

Traunstein. — Ligne de Salzburg dans la vallée de la Traun au pied des Alpes, à 600 mètres, entouré de forêts résineuses. Il y vient 1.500 p. — Curtaxe 3 M. Les sources, à 8°, ont peu de débit. Même alimentation par Reichenhall pour les bains du Kurhauss. Belle vue du *Hochberg*, courses de montagne.

Hall. — Salines célèbres sur la route d'Insbruck.

Heilbron. — Ligne München-Tolz, à 800 mètres ; climat de montagne. Sources froides ; sur 6 grammes 4 chl. sodium ; gazeuses, bromo-iodurées. — Scrofule, syphilis.

Kreuth. — Ligne Rosenheim-Insbruck, alt. 850, climat de montagne. Sources froides, sulfureuses et salées. Grand Kurhauss. Bains avec mutterlaüge transportée. Molken de choix. *Klimatischer Curort* pour anémie, tuberculose.

Tolz-Krankenheil. — Station H. Kirchen ligne Munich Tolz. Bain moderne qui s'est accru rapidement. — Kurgäste 4-5.000. — Au pied des Alpes, à près de 700 mètres d'altitude. — Pluie 1.300 millimètres.

Sources : température 8°, débit faible ; minéralisation 0,7-0,8 : iodurées. — Boisson, bains divers, inhalations, molken et jus d'herbes.

Indications : anémie, convalescences ; scrofulides, syphilides ; maladies utérines.

CONCLUSIONS

Le climat de l'Allemagne est plus tempéré que ne le comporte sa latitude.

Le sol, bien étudié par les géologues, donne souvent la clef de la constitution chimique des eaux.

Les établissements thermaux ont, grâce à la Curtaxe, une bonne installation et de précieuses ressources pour l'étranger.

La suppression des jeux dans les grandes stations du Rhin ne leur a causé qu'un préjudice passager, et le nombre des visiteurs s'est accru d'une façon surprenante ; j'en ai donné les raisons. Du reste, la fréquence a marché de pair avec le confort.

Les traitements y sont très variés, peut-être un peu trop pour le crédit de la médecine thermale. Le progrès n'est bon qu'à la condition d'aller lentement et sûrement.

On abuse trop de l'introduction artificielle du gaz et des sels dans l'eau naturelle, du coupage avec le lait, petit-lait, eaux étrangères. Le petit-lait des chèvres de Suisse est d'un usage général, tandis qu'il est presque inconnu chez nous.

La cure d'hiver a pris une grande extension, grâce à l'aménagement des hôtels ; c'est une faute de vouloir l'appliquer à certaines localités en dépit du climat.

Il y a encore abus du traitement, dit *combiné*, contre la syphilis, les maladies du cœur, des voies urinaires, etc., etc.

Les cures des eaux allemandes se distinguent des autres par la discipline et le régime. Ce sont des modèles à suivre.

Les analyses, même anciennes, ont été faites par de bons chimistes. La température la plus haute est de 75°, le débit atteint parfois plusieurs milliers de mètres cubes par jour. — Toutes les classes sont représentées : les chlorurées en première ligne souvent froides, presque toujours très gazeuses ; les alcalines peu nombreuses, rarement chaudes, assez pauvres en bicarb. alcalins ; les sulfureuses froides et rarement sodiques ; les ferrugineuses fortes et très gazeuses ; les thermales simples nombreuses, souvent chaudes.

En somme, l'hydrologie allemande est faible en deux classes ; rien de comparable à notre groupe d'eaux alcalines du plateau Central et à notre groupe d'eaux sulfureuses pyrénéennes. Il suffit de constater notre avantage sur ces deux points ; aller plus loin, comme l'ont fait quelques-uns de nos auteurs, serait oublier la vérité.

Nous avons donné les raisons qui nous ont fait adopter la classification régionale.

Bains de mer. — Nous avons laissé de côté les bains de mer, nous réservant d'en parler plus tard.

J'ai le souvenir d'un temps où les médecins allemands envoyaient leurs malades à Ostende, à Blankenberge, à Boulogne, à Dieppe, etc. On disait alors que l'Allemagne avait abondance d'eaux salées, mais que la cure marine lui faisait défaut. Ce n'était pas tout à fait exact; car, il y a très longtemps que j'ai vu des baigneurs à Dangast, Doberan, Cuxhaven, Travemünde, etc.

Aujourd'hui, le nombre des bains et celui des clients s'est beaucoup augmenté et l'annexion des duchés y fut pour quelque chose. A citer Kiel, Colberg, Burkum, Norderney, Helgoland, etc.

Je ferai remarquer que les eaux de la Baltique sont beaucoup moins salées que celles de la mer du Nord. J'ai indiqué ailleurs les densités prises sur les diverses plages; d'autre part, la végétation est très belle sur les bords de la Baltique.

TABLE DES MATIÈRES

Vorwort geehrteste herren Collegen	I
Introduction	v
Bains du Rhin	1
Groupe de la Forêt Noire. Baden Baden	1
Bains du Kniebis	7
Badenweiler	8
Wildbad	10
Groupe du Taunus	15
Wiesbade	15
Soden	19
Hombürg	21
Nauheim	25
Kreuznach	30
Schwalbach	37
Ems	41
Aachen	51
Bains du Nord	56
Pyrmont	57
Rehme	61
Groupe du Harz	69
Bains de Saxe	70
Groupe de Silésie	74
Elster	80
Bains du Sud	82
Groupe de Bavière. Kissingen	84
Reichenhall	88
Conclusions	92

www.ingramcontent.com/pod-product-compliance
Lightning Source LLC
Chambersburg PA
CBHW070525100426
42743CB00010B/1951